PILATES

Uma abordagem anatômica

PILATES
Uma abordagem anatômica

Paul Massey

Manole

Título do original em inglês: *The Anatomy of Pilates*
Copyright © 2009 by Paul Massey. Todos os direitos reservados.
Publicado mediante acordo com a Lotus Publishing e North Atlantic Books.

Este livro contempla as regras do Acordo Ortográfico da Língua Portuguesa de 1990,
que entrou em vigor no Brasil.

Tradução: Andreia O. Bento Alves
        Graduada em Fisioterapia pela Universidade Federal do Rio de Janeiro (UFRJ)
        Especialista em Fisioterapia em U.T.I pela Universidade Estácio de Sá
        Especialista em Acupuntura e Shiatsu pela A.B.A.C.O.

Revisão técnica: Silvia Silva Gomes
        Coordenadora dos estúdios Pilates Silvia Gomes
        Bacharelado e licenciatura em Educação Física pela Universidade Estadual
          de Campinas (Unicamp)
        Pós-graduada em Biomecânica pela Universidade Gama Filho (UGF) e em
          Educação pela Universidade de Barcelona – Espanha
        Instrutora certificada em Pilates pela Polestar Education – EUA, Corpore Pilates e
          Atelier do Corpo
        Professora de cursos de aperfeiçoamento em Pilates (didática, gestantes e terceira idade)
        Participante dos cursos da série Anatomia para o movimento®, de Blandine Calais-Germain

Diagramação: Azza Graphstudio Ltda.
Capa: Thereza Almeida
Ilustrações: Amanda Williams, Pascale Pollier, Emily Evans e Inga Borg

Dados Internacionais de Catalogação na Publicação (CIP)
(Câmara Brasileira do Livro, SP, Brasil)

Massey, Paul
    Pilates : uma abordagem anatômica / Paul Massey ;
[tradução Andreia O. Bento Alves ; revisão técnica
Silvia Silva Gomes]. -- Barueri, SP : Manole, 2012.

    Título original: The anatomy of pilates
    Bibliografia.
    ISBN 978-85-204-3146-7

    1. Fisiologia do movimento 2. Fisiologia da
postura 3. Pilates – Método 4. Sistema
musculoesquelético – Anatomia 5. Sistema
musculoesquelético – Anatomia e histologia
I. Título.

11-12606   CDD-613.71

Índices para catálogo sistemático:
1. Métodos Pilates : Promoção da saúde 613.71

Todos os direitos reservados.
Nenhuma parte deste livro poderá ser reproduzida, por qualquer
processo, sem a permissão expressa dos editores.
É proibida a reprodução por xerox.
A Editora Manole é filiada à ABDR – Associação Brasileira de Direitos Reprográficos.

Edição brasileira – 2012

Direitos em língua portuguesa adquiridos pela:
Editora Manole Ltda.
Av. Ceci, 672 – Tamboré
06460-120 – Barueri – SP – Brasil
Fone: (11) 4196-6000
Fax: (11) 4196-6021
www.manole.com.br
info@manole.com.br

Impresso no Brasil
Printed in Brazil

Sumário

Introdução...7

Capítulo 1: Introdução ao método pilates...9
   Princípios do método pilates..10
   Conceitos e fundamentos usados no método pilates...........................14
   Respiração..17

Capítulo 2: Avaliação da postura e do movimento.......................................23
   Postura..24
   Tipos de posturas...24
   Avaliação postural..28
   Avaliação do movimento...30
   Alinhamento corporal durante o exercício..40

Capítulo 3: Aplicação do método pilates..45
   Equilíbrio muscular..46
   Desequilíbrio muscular...49
   Aprendizado motor...50
   Habilidades de controle motor: estabilização, coordenação...............51
   Flexibilidade..52
   Fortalecimento..55
   Programa de pilates..59

Capítulo 4: Exercícios clássicos de pilates*..63

Glossário...145
Direções anatômicas...147
Grupos musculares..149
Principais músculos envolvidos no movimento..151
Referências bibliográficas..157
Índice de exercícios de pilates..159

*N.R.T.: Ao lado dos nomes traduzidos dos exercícios clássicos de pilates manteve-se a sua nomenclatura oficial em inglês. Essa nomenclatura é também utilizada pela ABRAPI (Aliança Brasileira de Pilates) e foi padronizada com a consultoria dos *elders* – instrutores que foram alunos diretos de Joseph Pilates –, por meio da PMA (Pilates Method Alliance), nos Estados Unidos.

Este livro não pretende substituir os conselhos de um profissional de saúde. Antes de iniciar qualquer programa de exercícios, é recomendável consultar um médico, especialmente nos casos em que o praticante apresentar alguma condição clínica ou sentir dor e desconforto durante a realização dos exercícios propostos. A editora e o autor não se responsabilizam por quaisquer consequências decorrentes da aplicação das informações contidas nesta obra.

Introdução

Nascido em 1880 em Munchengladbach, próximo a Düsseldorf, Alemanha, Joseph Pilates foi uma criança magra, de saúde frágil, que sofria de raquitismo, asma e febre reumática.

Pilates trabalhou no desenvolvimento de um programa de exercícios que pudesse melhorar sua própria saúde, e assim engajou-se em inúmeras atividades físicas para aperfeiçoar sua forma física. Entre as atividades que praticou incluíram-se boxe, ginástica olímpica, esqui e autodefesa, que lhe conferiram grande definição muscular. Ele chegou até mesmo a posar como modelo para atlas de anatomia, em virtude do perfil muscular que conseguiu alcançar.

Em 1912, Pilates se muda para a Inglaterra, onde passa a treinar especialmente como boxeador e instrutor de autodefesa. Mas, em 1914, eclode a Primeira Guerra Mundial, e ele é levado, com outros alemães, para um campo de concentração em Lancaster e depois na Ilha de Man, Inglaterra. Durante esse período, ele ensina exercícios físicos a outros presos nos campos e desenvolve programas de reabilitação para os que foram feridos durante a guerra.

Após a guerra, em 1919, Pilates retorna à Alemanha para treinar a Polícia Militar de Hamburgo em autodefesa e condicionamento físico. É nesse período que ele trabalha com Rudolph Laban, um analista do movimento que trabalhava com dançarinos. Laban dedicou-se ao estabelecimento de programas de treinamento para a indústria do condicionamento físico, colaborando com Pilates e utilizando suas ideias. Pilates foi convidado para trabalhar junto ao exército alemão, mas, infeliz com as perspectivas ligadas a essa oportunidade, decidiu partir para os Estados Unidos.

Na viagem para os Estados Unidos, em 1926, aos 45 anos de idade, Pilates conhece a sua futura esposa, Clara, e juntos eles estabelecem um estúdio na Oitava Avenida, Nova York, no mesmo prédio onde havia vários estúdios de dança. Essa localização, nas proximidades do mundo da dança, foi crucial para que o programa de exercícios de Pilates se tornasse fortemente vinculado com o condicionamento, a reabilitação de lesões e o treinamento de muitos dançarinos.

Neste ponto de sua vida, Pilates desenvolve seu próprio método de treinamento físico, chamado de CONTROLOGIA, e passa a ensiná-lo a futuros treinadores. Uma vez qualificados, esses aprendizes abriam suas próprias escolas e desenvolviam o método, introduzindo suas próprias ideias e abordagens.

O maior legado de Joseph Pilates está em seus exercícios clássicos. Muitas escolas de pilates ensinam esses exercícios e os adaptam de formas diferentes, de maneira que o produto final é um método em contínua evolução. Este livro ilustra o programa de exercícios clássicos em detalhes, com ênfase na respiração e no movimento, e tem como objetivo uma aplicação prática.

A Pilates Method Alliance®, uma associação profissional reconhecida, cujos membros se dedicam aos ensinamentos de Joseph Pilates, afirma que:

"O exercício de Pilates tem como foco a simetria postural, o controle da respiração, a força abdominal, a estabilização da coluna, da pelve e dos ombros, a flexibilidade muscular, a mobilidade articular e o fortalecimento por meio da amplitude completa de movimento de todas as articulações, e não de grupos musculares isolados; o corpo todo é treinado, integrando os membros superiores e inferiores com o tronco."

A Pilates Method Alliance® também declara que:

"Atualmente, é aceitável aplicar os princípios de Pilates a todas as formas de movimento, exercícios, esportes e atividades da vida diária, como Joseph pretendia."

Como mencionado, o método pilates progrediu para um programa de exercícios de condicionamento físico e mental, usando padrões de movimento claramente definidos. A ênfase está na qualidade do movimento e não na quantidade/volume de repetições.

Os movimentos ou exercícios realizados seguem uma sequência precisa e definida, que incorpora um padrão respiratório particular aliado ao exercício controlado.

O programa completo de solo apresentado neste livro permite que todos os grupos musculares sejam trabalhados, com atenção na sequência dos músculos estabilizadores e posteriormente nos músculos mobilizadores, conforme progride a habilidade de realizar o exercício. Os princípios de movimento de Pilates se aplicam completamente a cada um dos exercícios.

Introdução ao método pilates

1

Pilates é um programa de exercícios que pode ser descrito como um método único de condicionamento corporal que combina fortalecimento muscular e flexibilidade com uma técnica de respiração que trabalha para estabelecer a coordenação entre o tronco, as escápulas e a pelve durante o movimento. Além disso, atua como uma ferramenta para restaurar o equilíbrio do sistema musculoesquelético durante o movimento.

Princípios do método pilates

Joseph Pilates afirmava que seu método possuía um fundamento ao mesmo tempo filosófico e teórico, sendo mais do que uma mera série de exercícios realizados no solo, mas sim um método desenvolvido ao longo de vários anos com base na prática e na observação.

A base principal do método pilates está no fato de ser um programa de condicionamento mente-corpo, que possibilita ao corpo se mover com pouco esforço, permitindo um movimento fluido e equilibrado. O método propõe a utilização do próprio corpo do indivíduo lançando mão de sua força, flexibilidade muscular e coordenação com o objetivo de maximizar seu aproveitamento. Exige também a constante atenção do praticante sobre seu corpo durante todo o exercício.

Com o objetivo de alcançar a conexão mente-corpo, os princípios apresentados a seguir são considerados os principais componentes para todos os exercícios de trabalho no solo.

1. Controle

Para o treinamento de qualquer técnica de exercícios, é necessário haver um nível de consciência que seja progressivo em relação ao método, auxiliando na correção dos alinhamentos e encorajando a precisão/fluidez do movimento. Essa habilidade de controle se desenvolve em todos os aspectos do movimento, conforme o aumento na complexidade da sequência de movimentos. O controle ou a consciência deve ser alcançado em todos os exercícios. Estar consciente da posição de todas as partes do corpo, por meio da manutenção da posição neutra da coluna e do uso dos músculos estabilizadores profundos, promove o alcance da precisão e a manutenção do alinhamento correto.

O interesse não está na intensidade do movimento, mas sim na habilidade de se mover com qualidade, por meio da ativação dos músculos corretos na sequência adequada para cada exercício/movimento. Ao realizar exercícios de pilates, a boa técnica nos traz resultados eficazes e seguros.

2. Centro

O foco em músculos específicos que controlam as áreas do centro do corpo, ou áreas-chave, é o que possibilita ao resto do corpo funcionar de modo eficiente.

A habilidade em manter em níveis baixos a ativação dos músculos estabilizadores de ação tônica deve ser desenvolvida. Será necessário que eles mantenham sua ativação nas posições estáticas exigidas durante determinados períodos de tempo.

É preciso que todas as ações dos exercícios ocorram a partir de um centro estável e mediante a correta ativação do centro de força (ver página 14).

3. Concentração

Este princípio envolve a importante conexão mente-corpo. Com a prática, o foco nos músculos irá acentuar a sua capacidade de realizar o movimento corretamente. Você precisa estar sempre consciente de todo o seu corpo durante cada exercício.

A habilidade de realizar o exercício e a técnica estão intimamente ligadas. Você precisa sempre ter a intenção de executar o exercício da forma correta. Isso é reforçado pelo conhecimento dos objetivos do exercício, do começo ao fim.

O sentido de posicionamento, ou propriocepção, é a consciência da posição ou do movimento articular, gerada por *feedback* sensorial. Essa habilidade pode ser desenvolvida e, para tanto, precisa ser continuamente desafiada. Deve haver um estado de equilíbrio entre o movimento e o padrão de movimento, que é construído dentro do movimento funcional. Sinta o movimento; não somente execute-o.

4. Precisão

Concentre-se no movimento correto a cada momento em que realizar o exercício. O procedimento adequado a cada momento permitirá a progressão correta. Não conte apenas com a força para completar o exercício, mas esteja sensível à qualidade necessária para executá-lo.

5. Fluidez dos movimentos

A qualidade do movimento está intimamente ligada ao controle. Não deve haver rigidez ou inconstância, e o movimento deve ser suave e contínuo.

A qualidade é o resultado de um trabalho mais inteligente do que difícil e aprimora o bom padrão de movimento que se desenvolve por todo o programa de pilates. *"Não existe exercício ruim; existe exercício malfeito."*

Encoraje o uso de grupos musculares, em vez da ação muscular isolada. A coordenação ou sequência de movimento é essencial. Inicialmente, realize cada exercício de forma lenta e então aumente a velocidade; a progressão pode ser alcançada por meio da mudança de direção e velocidade durante o exercício e com o uso de mais de uma articulação (membro superior ou inferior) ao mesmo tempo. A eficiência do movimento está no equilíbrio entre o relaxamento e a contração muscular; o equilíbrio correto permite o alcance de um movimento de boa qualidade, o que é imprescindível durante os exercícios de pilates.

6. Respiração

A respiração é uma atividade automática, necessária e que, como tal, influencia as atividades corporais. O foco na respiração promove atenção e consciência. Enfatize a respiração com o movimento e, importante, não prenda a sua respiração.

A respiração pode ser vista como uma ligação entre a atividade física e o interior-exterior do corpo. Um padrão correto de respiração aumenta a consciência, o controle torácico (tronco) e o uso das costelas inferiores, além de melhorar a conexão entre o assoalho pélvico e o diafragma.

A respiração costal lateral, ampla e completa através das costelas, requer inspiração no momento do esforço e expiração no relaxamento.

Se você fizer algo que tensiona o seu corpo, use o movimento de colocar o ar para fora dos pulmões e inspire quando retornar do movimento. Essa técnica forçada foi vista por Joseph Pilates como a chave para a inspiração completa durante cada exercício. (Há mais sobre respiração na página 17.)

7. Alinhamento

O alinhamento correto de cada exercício deve ser encontrado a partir da postura adequada, trabalhando primeiramente a posição neutra da coluna.

8. Coordenação

O movimento coordenado precisa ser aprendido, e isso se faz por meio da repetição do exercício. A coordenação é um fundamento importante para a progressão do exercício.

9. Resistência

A dificuldade do controle e do procedimento correto de cada exercício irá permitir o desenvolvimento da resistência necessária para sua realização. A resistência pode ser entendida como o aumento da força dos músculos usados no exercício acompanhando o aumento no seu grau de dificuldade, o que permitirá a repetição com qualidade.

10. Alongamento

Pode-se considerar este componente como o desenvolvimento da flexibilidade dos músculos usados no exercício. Os músculos precisam ser capazes de manter o alongamento para permitir o movimento correto.

Conceitos e fundamentos usados no método pilates

Centro de força

O centro de força é formado por diversos músculos em torno da parte lombar da coluna vertebral, entre as costelas inferiores e a linha que vai de um lado ao outro dos quadris. O método pilates enfoca músculos específicos para realçar esse conceito de centro de força: reto do abdome, oblíquos, multífidos, transverso do abdome, assoalho pélvico, diafragma, grupo dos glúteos e psoas. Esses são os principais músculos estabilizadores do tronco/membros inferiores.

O centro de força é trabalhado em todos os exercícios de pilates; conforme é alcançada uma base estável na qual o exercício trabalha, a coordenação melhora entre as áreas centrais, e a coluna é sustentada durante o movimento.

O centro de força secundário está em torno do cíngulo do membro superior. Sua função é estabilizar e melhorar a qualidade de movimento do membro superior durante o exercício.

Os músculos envolvidos incluem a parte ascendente do trapézio, o serrátil anterior, o latíssimo do dorso, os peitorais e os flexores profundos do pescoço.

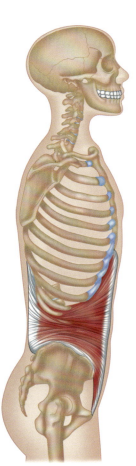

O transverso do abdome é o principal músculo do centro de força; ele é o mais profundo e reveste o abdome. Esse músculo precisa ser ativado no início de todos os exercícios de pilates e continuamente utilizado durante sua execução.

Como localizar o transverso do abdome

Posicione os dedos nos seus ossos do quadril. Enquanto mantém a coluna neutra (nenhum movimento na parte inferior das costas), expire, eleve os músculos do assoalho pélvico e "escave ou sugue" seus abdominais (a área abaixo do umbigo). Assegure-se de estar trabalhando em baixa intensidade.

Você deve sentir seus dedos se direcionando para baixo, e não empurrando para cima. (Se senti-los subindo, você está trabalhando muito intensamente e usando os músculos oblíquos do abdome). Você deve ser capaz de manter essa posição sem inclinação ou movimento pélvico. Os músculos estabilizadores, como o transverso do abdome, trabalham somente com um mínimo de 30% do seu esforço de contração voluntária máxima (CVM – medida de força).

Figura 1.1: Transverso do abdome.

Comandos verbais para ajudar a localizar o transverso do abdome

"Escave ou sugue"seus abdominais, tentando encostar o umbigo na coluna. Traga seu estômago e umbigo para dentro. Em seguida, contraia-os para cima, em um movimento semelhante ao de fechar um zíper, afundando assim o abdome, que deve permanecer ativado. Essa ativação é realizada com a coluna na posição neutra*.

As pessoas precisam trabalhar com seus próprios parâmetros; a posição é modificável durante cada exercício, mas deve ser mantida ao ativar os músculos estabilizadores profundos do abdome e não ser alterada com a contração.

Quadro

Trace uma linha imaginária conectando seus dois ombros um ao outro e seus dois ossos do quadril um ao outro, e então uma linha vertical interligando-os, de forma que um retângulo seja desenhado no seu tronco.

Se esse quadro for sobreposto ao seu corpo, ajudará a manter os quadris alinhados e afastados das costelas, a base da coluna posicionada em relação ao solo e os ombros alinhados e distantes das orelhas enquanto você se movimenta. Isso auxiliará no alinhamento e na simetria da relação tronco-corpo, e, consequentemente, ativará o seu centro de força.

Movimento sem tensão

Praticar pilates não significa tensionar os músculos para efetuar os exercícios. Você precisa pensar por meio dos princípios e de suas aplicações para alcançar a meta. Tensionar, manter a respiração e forçar o corpo são ações que somente levarão a um movimento inadequado e de baixa qualidade e, possivelmente, à incapacidade de alcançar o objetivo final do exercício ou à posição final.

Os exercícios requerem força e coordenação para fluir e promover a conexão, mas também é necessário um elemento de relaxamento. Você precisa pensar e identificar o ponto de onde o movimento deverá vir, trabalhar dentro dos seus limites e então realizá-lo para alcançar seu objetivo final: movimentar-se com qualidade, controle e fluidez.

Orientações para uma boa prática
1. Trabalhe dentro dos seus limites.
2. Construa o movimento a partir do centro, e dele para os membros superiores e inferiores (necessário para um centro forte: centro de força).
3. Mantenha o padrão correto de respiração.
4. Não tensione com o objetivo de se mover.

A posição neutra da coluna durante o exercício é individual e definida como o estado de equilíbrio entre uma posição de alongamento normal da coluna e os músculos (de frente para trás) do tronco.

Sem dor, sem ganho

Este ditado não tem lugar no programa de pilates. Se você achar que está tensionando excessivamente uma área durante o exercício, pare, revise as instruções e continue.

Se a dor ou a tensão retornarem, pare o exercício e exclua-o do seu programa. Cada um dos exercícios de pilates pode ser dividido em pequenos componentes; por isso, observe em que etapa o problema ocorre e refaça o movimento até o ponto em que você tem força ou alongamento suficientes para continuar.

Área de desconforto	Causa possível
Parte inferior das costas	Perda da contração do centro de força. Trabalho com os membros além da sua capacidade. (Trabalhe a partir do tronco em direção aos braços e às pernas.)
Joelho	Posicionamento incorreto do pé ou da perna. Músculos da coxa fracos em torno da articulação. Alinhamento muscular alterado no membro inferior.
Quadril	Perda da posição neutra da coluna. Desequilíbrio muscular em torno da pelve.
Pescoço	Fraqueza muscular em torno do pescoço. Perda da coordenação entre a base da escápula e o pescoço. Estabilização escapular fraca.

Solução

1. Trabalhe com os princípios do pilates durante o exercício.
2. Trabalhe do centro para fora.
3. Sinta seu corpo e evite tensão excessiva.

Respiração

A respiração é importante para o exercício, e a respiração correta é o fundamento para todos os exercícios de pilates. Joseph Pilates defendeu a inspiração e a expiração ativas apontando-as como uma forma de purificar os pulmões, o que foi encorajado em todos os exercícios clássicos de solo; pesquisas atuais indicam uma ligação entre a respiração e a estabilidade do tronco.

Padrão respiratório

Inspiração

Durante a inspiração, o volume da cavidade torácica é aumentado, sendo o ar conduzido através do nariz/boca para dentro dos pulmões. O processo começa com a contração do diafragma, que inicialmente abaixa dentro da cavidade abdominal, aumentando o volume da cavidade torácica. A expansão da caixa torácica é iniciada pelo diafragma. A contração e a ativação dos músculos intercostais externos intensificam o processo.

Expiração

Durante a expiração, o diafragma e os músculos envolvidos na inspiração relaxam, o diafragma se eleva e a caixa torácica abaixa. Isso é acentuado pela contração dos músculos intercostais internos e pela retração do tecido pulmonar/cavidade torácica.

A expiração forçada é alcançada pela contração dos abdominais (músculos oblíquos externos) e de outros músculos associados à respiração.

Cada exercício de pilates possui um padrão específico de respiração. A respiração é uma técnica, e a coordenação entre a respiração e o exercício precisa ser praticada.

Um ponto básico a ser ensinado é usar a fase da expiração do padrão respiratório na parte do trabalho (esforço) do exercício (que geralmente envolve flexão da coluna) e a fase de inspiração na parte de retorno do exercício (que geralmente envolve extensão da coluna).

A respiração deve ocorrer naturalmente; por isso, evite a expiração ativa forçada. (Apesar de Joseph Pilates desenvolver a expiração forçada em seus trabalhos iniciais, atualmente foi observado que esse padrão pode levar a um recrutamento precoce e excessivo dos músculos oblíquos externos que, por sua vez, pode alterar a estabilidade da coluna.)

O padrão respiratório correto para os exercícios de pilates é a respiração costal lateral, com inspirações longas e profundas para expandir a caixa torácica até a sua capacidade máxima, seguidas por expiração completa (mas não forçada) para esvaziar os pulmões.

Os músculos da respiração não trabalham isoladamente; estão conectados com as costelas e com a coluna e também desempenham um papel importante no controle postural.

Figura 1.2: O movimento de *curl-up* (exercício abdominal com flexão parcial do tronco). Veja as setas mostrando a fase de trabalho (esforço) e a fase de retorno do exercício.

Músculos envolvidos na respiração

1. Diafragma

O diafragma é o principal músculo inspiratório. A contração do músculo provoca a descida da cúpula do diafragma e então aumenta a dimensão do tórax em todas as direções (cranial, caudal e lateral).

O diafragma contribui para a estabilidade da coluna por meio do aumento da pressão intra-abdominal e, com o transverso do abdome, trabalha de forma contínua para controlar o movimento do tronco e melhorar o padrão respiratório durante os movimentos, particularmente os que envolvem os membros.

2. Intercostais

Estes pequenos músculos são responsáveis pela expansão lateral do tórax e pela estabilização das costelas durante a inspiração. Eles possuem uma inserção anatômica próxima aos músculos oblíquos internos e externos e, além disso, uma ligação com a inspiração ativa.

3. Músculos abdominais

Este é o principal grupo muscular envolvido na expiração forçada. Estes músculos alteram a pressão intra-abdominal para auxiliar no esvaziamento dos pulmões e propagar a pressão gerada pelo diafragma.

Nota: a pressão intra-abdominal é a pressão criada dentro do tronco, no cilindro fechado do diafragma, assoalho pélvico e parede abdominal. A maior pressão confere estabilidade ao tronco e à pelve. O uso de uma pressão intra-abdominal aumentada para manter a estabilidade possui um papel limitado e não é ativamente recomendado por causa do seu efeito prejudicial na circulação e na pressão arterial.

Introdução ao método pilates

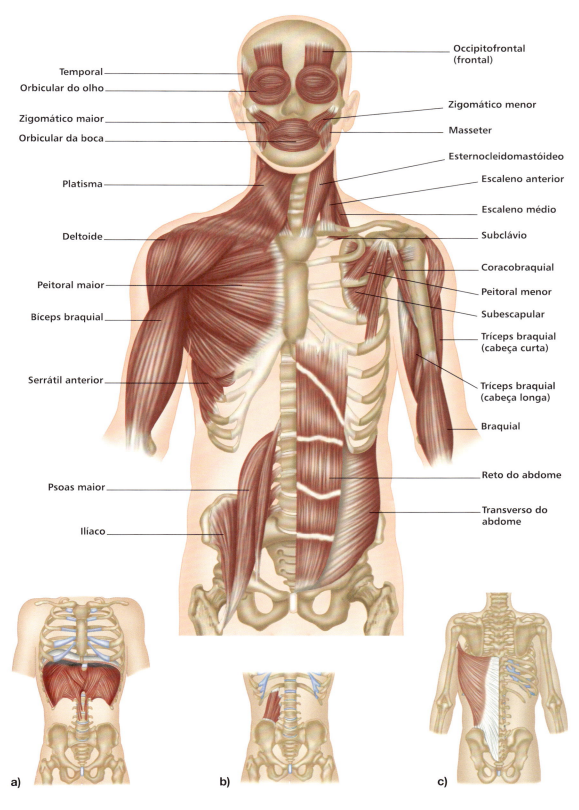

Figura 1.3: Parte superior do corpo, vista anterior, mostrando os principais músculos da respiração, incluindo o diafragma (a), o quadrado do lombo (b) e o latíssimo do dorso (c, vista posterior).

4. Músculos do assoalho pélvico

Grupo de músculos e tecidos moles que formam a base da cavidade abdominal. Exercem um papel na manutenção da pressão intra-abdominal e na transferência da estabilidade criada pelo processo respiratório.

Outros grupos musculares ativados durante a correta ativação respiratória trabalham com os principais músculos respiratórios, mas são ativados conforme a demanda do exercício ou quando há uma mudança na posição durante o exercício. Eles precisam estabilizar partes do corpo para intensificar a ação respiratória.

- Os músculos escalenos auxiliam na inspiração profunda fixando as costelas I e II e mantendo-as em suas posições durante a expiração diante da contração dos músculos abdominais.
- O esternocleidomastóideo eleva o esterno e aumenta a dimensão do tórax para a frente e para trás durante a inspiração moderada ou profunda, se a parte cervical da coluna vertebral se mantiver estável.
- O serrátil anterior auxilia na inspiração para expandir lateralmente a caixa torácica, se as escápulas estiverem estabilizadas.
- O peitoral atua na inspiração forçada elevando as costelas; as escápulas precisam ser estabilizadas pelo trapézio e pelo serrátil anterior para prevenir escápula alada.
- O latíssimo do dorso está envolvido na inspiração e na expiração forçadas.
- O eretor da espinha ajuda na respiração estendendo a parte torácica da coluna vertebral e elevando a caixa torácica.
- O quadrado do lombo estabiliza a costela XII para evitar a elevação durante a respiração.

Padrão respiratório ideal

Há inúmeros fatores que precisam ser levados em consideração quando se avalia um padrão respiratório:

1. Equilíbrio entre a quantidade e a qualidade de movimento que acontece em diferentes áreas do tórax: apical (no ápice), abdominal e costal lateral.

2. Quais músculos estão em uso: diafragma, abdominais ou músculos acessórios da respiração.

3. Tempo/ritmo da respiração: regularidade no tempo gasto na inspiração e na expiração; há também a necessidade de pequenas pausas entre as fases.

4. Postura básica.

Em um estado relaxado, inspire pelo nariz, respirando ampla e completamente para dentro das costelas, assegurando-se de que a área apical do peito não se elevará. Observe o ar entrando na base do pulmão. O movimento é direcionado para a região lateral das costelas.

Conforme você inspira, contraia de modo lento e suave os músculos da área inferior do abdome e o transverso do abdome. Encolha levemente a área inferior do abdome ao contrair o transverso do abdome, de forma que você sinta a área se achatar. A expiração é relaxada.

Considerações importantes sobre os músculos do abdome durante a respiração:

- necessidade de contração do transverso do abdome;
- nenhum abaulamento da área inferior do abdome, que pode indicar atividade excessiva nos músculos oblíquos internos;
- incapacidade de relaxar os músculos do abdome entre os ciclos respiratórios;
- expiração – relaxamento do esterno, caixa torácica se fecha;
- inspiração – expansão da caixa torácica, cíngulo do membro superior relaxado.

Padrão respiratório ineficiente

1. Dominância da respiração apical. Fatores que contribuem para essa condição:

- respirações empreendidas com a dominância dos músculos acessórios da inspiração;
- dominância excessiva de movimentos das costelas superiores;
- perda da postura ideal da cabeça (cabeça direcionada para a frente);
- cifose torácica aumentada;
- movimento vertical do cíngulo do membro superior por causa do desequilíbrio muscular, tensão dos escalenos e dos músculos supraescapulares e ativação reduzida do serrátil anterior.

2. Respiração costal lateral insuficiente em razão da restrição lateral e/ou posterior da expansão da caixa torácica.

3. Dominância da respiração abdominal decorrente da atividade excessiva do músculo abdominal superficial (observa-se que os músculos oblíquos externos se fixam ou diminuem em comprimento em razão da presença de dor crônica na parte inferior das costas, o que conduz a uma alteração no padrão de ativação muscular na inspiração).

4. Padrão de movimento anormal. Mudanças no padrão de movimento podem ocorrer em virtude da flexão toracolombar resultante de aumento da atividade nos oblíquos externos e no reto do abdome. Uma caixa torácica pode também apresentar-se pouco móvel pela ativação excessiva dos músculos oblíquos externos.

5. Considerações musculoesqueléticas:

- eretor toracolombar da espinha excessivamente desenvolvido;
- movimento toracolombar reduzido;
- aumento da ativação dos oblíquos externos e do reto do abdome;
- inabilidade de respirar com o diafragma.

Fatores que asseguram um padrão respiratório ideal

1. Relaxamento do paciente

Redução	Técnicas
Medo e ansiedade	Suspirar
Prender a respiração	Prolongamento da fase de expiração
Falta de ar	Ritmo lento e profundo
Tensão nos músculos acessórios	Relaxamento consciente da tensão muscular por meio do posicionamento correto

2. Manutenção do alinhamento postural básico ideal

O alinhamento postural adequado permitirá a manutenção do comprimento muscular e tensão corretos e, consequentemente, a habilidade de contrair apenas o necessário durante o exercício.

3. Padrão apropriado para o exercício

O padrão respiratório precisa fluir em uma sequência correta, inspiração e expiração. O tempo alterado em cada ciclo ou o ato de prender a respiração conduz a padrões respiratórios anormais.

4. Equilíbrio musculoesquelético

Mudanças no equilíbrio musculoesquelético influenciam o ciclo respiratório levando a padrões respiratórios anormais. Desequilíbrios musculares que podem estar presentes incluem:

- eretor da espinha, escalenos e trapézio hiperativos;
- serrátil anterior e músculos do abdome hipoativos;
- postura cifótica (restrição na caixa torácica e na parte torácica da coluna vertebral).

Avaliação da postura e do movimento

2

Postura

Postura é a posição na qual você mantém seu corpo contra a gravidade enquanto está em pé, sentado ou deitado. A boa postura implica treinar o corpo para ficar em pé, andar, sentar e deitar em posições que gerem a menor tensão possível nos músculos de suporte e nos ligamentos, seja durante o movimento ou nas atividades de suporte de peso. A postura correta inclui manter os ossos e articulações no alinhamento ideal, de forma que os músculos sejam usados apropriadamente, o que ajuda a evitar que a coluna se fixe em posições anormais.

Ferramentas de avaliação

A avaliação postural é crucial como ponto de início para criar um programa de pilates abrangente. O processo de avaliação pode adotar uma das seguintes abordagens:

1. Estática: indica desequilíbrios musculares ou alterações no comprimento do músculo (longo, fraco, curto ou tenso). A postura estática irá indicar áreas possíveis de se observar e, assim, modificar a qualidade do movimento e a habilidade de realizar o exercício.

2. Dinâmica: é testada durante o movimento em atividades específicas; exercícios dinâmicos ilustrarão qualquer padrão incorreto de movimento, ajudando assim a determinar os exercícios de pilates mais apropriados.

Os fatores que influenciam a postura incluem:

- condições hereditárias, i. e., sua constituição genética;
- posições habituais que você assume durante seu trabalho ou durante movimentos repetitivos, ou mudanças de alinhamento postural em resposta à natureza da atividade;
- fatores patológicos, i. e., associados à presença de uma doença;
- trauma, resultando em danos em tecidos ou ossos;
- equilíbrio muscular alterado, i. e., mudanças na interação entre músculos ou grupos musculares diferentes.

Tipos de posturas

Postura lordótica (lordose)

Apresenta-se por um exagero da curvatura lombar. As características incluem:

- inclinação anterior da pelve;
- músculos reto do abdome e oblíquos externos estendidos/fracos;
- músculos glúteos máximo e médio estendidos/fracos ou hipoativos;
- músculos isquiotibiais que estão de alguma forma alongados, mas que podem ou não estar fracos (Kendall & McCreary, 1983);
- músculos isquiotibiais hiperativos e tensos;
- posição flexionada do quadril;
- músculos da região lombar e flexores do quadril encurtados e fortes;
- músculos adutores contraídos em razão da posição flexionada do quadril.

Recomendações para melhorar a postura lordótica:

- fortalecer e tonificar os músculos abdominais (reto do abdome, oblíquos externos);
- aumentar a flexibilidade dos músculos extensores das costas (multífidos e eretor da espinha);
- aumentar a flexibilidade dos flexores e adutores do quadril;
- desenvolver a flexibilidade nos isquiotibiais.

Exercícios sugeridos:

Ponte, Alongamento dos isquiotibiais, *Curl-up* (abdominal com flexão parcial do tronco), Rolamento para cima.

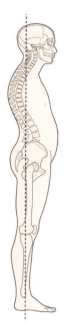

Figura 2.1: Postura lordótica. Observe a exagerada curvatura lombar.

Postura retificada das costas

Indicada por uma curvatura lombar reduzida. As características incluem:

- músculos flexores do pescoço fracos (cabeça para a frente);
- curvatura torácica para a frente (parte superior);
- curvatura lombar reduzida;
- inclinação pélvica posterior;
- músculo reto do abdome tenso ou encurtado, frequentemente forte;
- isquiotibiais encurtados e fortes;
- flexores do quadril fracos e alongados;
- joelhos hiperestendidos, ou podem estar levemente flexionados.

Recomendações para melhorar a postura retificada das costas:

- alongar os isquiotibiais;
- fortalecer ou tonificar os flexores do quadril;
- alongar o músculo reto do abdome.

Exercícios sugeridos:

Curl-up, Alongamento de uma perna, Natação, Rolamento para cima.

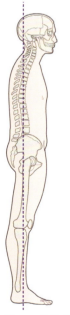

Figura 2.2: Postura retificada das costas. Observe a reduzida curvatura lombar.

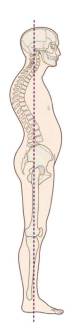

Postura cifótica (cifose)

Indicada por uma curvatura exagerada na parte torácica da coluna vertebral. As características incluem:

- cabeça ou queixo projetado para a frente;
- parte cervical da coluna vertebral em hiperextensão;
- trapézio (parte descendente) hiperativo ou encurtado;
- escápulas abduzidas em relação ao tronco;
- parte torácica da coluna vertebral flexionada;
- extensores torácicos distendidos;
- músculos peitorais encurtados ou tensos;
- reto do abdome tenso;
- trapézio (parte ascendente) e serrátil anterior estendidos ou inativos;
- parte espinal do deltoide estendida.

Figura 2.3: Postura cifótica.
Observe a curvatura exagerada na parte torácica da coluna vertebral.

Recomendações para melhorar a postura cifótica:

- melhorar o alinhamento da postura da cabeça;
- fortalecer o trapézio (partes ascendente e transversa), romboides e a parte espinal do deltoide;
- melhorar a força em torno do cíngulo do membro superior;
- melhorar o alinhamento pélvico;
- melhorar a flexibilidade da parte torácica da coluna vertebral;
- melhorar o controle da retração e da depressão das escápulas;
- alongar músculos peitorais;
- realizar extensões passivas da coluna.

Exercícios sugeridos:

Círculos com as duas pernas, Rotação da coluna, Rolamento para cima, Mergulho do cisne (extensão).

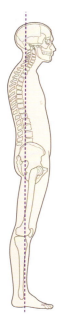

Figura 2.4: Postura de dorso curvo. Observe os quadris projetados para a frente.

Dorso curvo (postura relaxada)

Indicada por quadris projetados para a frente e inclinação anterior da pelve. A lordose muda sua forma de uma curva quase plana para uma curva profunda, menor. A cifose torácica é maior e pode se estender para a parte lombar da coluna vertebral.

As características incluem:

- cabeça projetada para a frente;
- flexores do pescoço fracos;
- parte torácica inferior longa, inclinada para trás;
- postura ligeiramente cifótica;
- extensores torácicos fracos ou distendidos;
- parte lombar da coluna vertebral flexionada ou retificada;
- pelve nivelada, mas quadris projetados para a frente;
- inclinação posterior;
- flexores do quadril fracos e distendidos; os quadris estão efetivamente estendidos, de forma que o corpo "se pendura" nos ligamentos do quadril;
- músculos glúteos encurtados ou fracos;
- músculos tensores da fáscia lata tensos;
- joelhos hiperestendidos;
- isquiotibiais encurtados e fortes;
- oblíquos externos estendidos, oblíquos internos sem modificações ou encurtados.

Recomendações para melhorar a postura de dorso curvo:

- melhorar o alinhamento postural em pé;
- alongar a coluna;
- fortalecer os flexores profundos do pescoço;
- fortalecer o trapézio;
- alongar os isquiotibiais;
- fortalecer o eretor da espinha;
- alongar os peitorais e a parte clavicular do deltoide (se os ombros estiverem protraídos, embora isso nem sempre esteja associado a esse tipo postural);
- tonificar ou fortalecer os flexores do quadril.

Exercícios sugeridos:

Curl-up, Elevação da perna de costas, Alongamento da coluna para a frente, Rotação da coluna.

Avaliação postural

Figura 2.5: Posição ortostática do corpo, vista posterior.

Cabeça	Posição neutra	Inclinação lateral D/E	Rotação D/E
Ombros	Nivelados	Assimétricos	
Posição das escápulas	Normal	Abdução	Elevada
Coluna vertebral	Normal	Curva em C	Curva em S
Caixa torácica	Normal	Em rotação	
Pelve	Nivelada	Assimétrica	
Alinhamento do calcanhar	Neutro	Varo	Valgo

Figura 2.6: Posição ortostática do corpo, vista lateral.

Cabeça	Posição neutra	Para a frente	
Parte cervical da coluna vertebral	Normal	Hiperextensão	Retificada
Parte torácica da coluna vertebral	Normal	Cifótica	Retificada
Parte lombar da coluna vertebral	Normal	Lordose	Retificada
Pelve	Neutra	Inclinação anterior	Inclinação posterior
Joelhos	Neutros	Hiperextensão	Flexão
Articulação do tornozelo	Neutra	Flexão plantar	Dorsiflexão

Figura 2.7: Posição ortostática do corpo, vista anterior.

Posição do braço	Normal	Rotação (lateral/medial)
Joelhos	Normal	Joelho dobrado/valgo
Pés	Normal	Pronados/supinados

Observação da postura: problemas posturais comuns.

Desvio postural	Músculos encurtados	Músculos alongados
Posição da cabeça para a frente	Extensores cervicais	Flexores cervicais
Cifose torácica	Peitoral maior/menor Tríceps braquial Redondo maior Latíssimo do dorso Parte clavicular do deltoide	Extensores torácicos Trapézio (partes transversa e ascendente)
Ombros rodados/protraídos anteriormente	Trapézio (parte descendente) Serrátil anterior Peitoral menor/maior	Trapézio (partes transversa e ascendente) Abdominais (oblíquos externos)
Lordose lombar excessiva	Eretor da espinha lombar	Extensores do quadril
Postura retificada das costas	Flexores do quadril	Eretor da espinha lombar
Dorso curvo	Abdominais anteriores Extensores do quadril, abdominais superiores, reto do abdome, fibras superiores dos oblíquos internos	Oblíquos externos
Lesão no quadril (esquerdo)	Extensores do quadril, isquiotibiais, músculos da região lateral esquerda do tronco, glúteo médio direito, tensor da fáscia lata, piriforme, glúteo mínimo	Músculos da lateral direita do tronco, glúteo médio esquerdo, tensor da fáscia lata, piriforme, glúteo mínimo
Flexão do joelho	Isquiotibiais	Quadríceps, sóleo
Fêmur (rotação medial)	Rotadores mediais do quadril: glúteos médio/mínimo, tensor da fáscia lata, adutor magno	Rotadores laterais do quadril: glúteo máximo, quadrado femoral, obturador interno, iliopsoas, obturador externo
Joelho valgo	Banda iliotibial	Adutores
Pronação do pé	Fibulares	Tibial posterior
Supinação do pé	Tibial posterior	Fibulares

Avaliação do movimento

Seguindo a avaliação postural, a avaliação do movimento permite a criação de um quadro dinâmico do seu paciente. Ela ajudará a identificar o movimento incorreto durante os exercícios como resultado de desequilíbrios musculares, padrões de recrutamento alterados e modificação no comprimento e na força muscular.

A inabilidade em realizar o exercício não será suficiente para ilustrar o desequilíbrio no movimento que pode estar presente. Os resultados da avaliação ajudarão a determinar a seleção de exercícios a serem empregados no seu programa de exercícios.

Os objetivos da avaliação do movimento são:

- determinar a qualidade do movimento;
- identificar o equilíbrio e a resistência muscular;
- determinar a estabilidade do tronco;
- identificar o padrão de recrutamento muscular durante o movimento;
- identificar padrões de movimento deficientes.

Cada teste é realizado sem nenhuma explicação sobre o método ou dica/direção e é repetido cinco vezes. O observador deve notar a direção do movimento, a qualidade, a fluidez e o controle.

Marcha

Objetivo

Identificar o movimento dinâmico, a qualidade do movimento, o movimento das áreas centrais, como da parte torácica da coluna à parte lombar e da parte lombar à pelve, o equilíbrio da pelve ao descarregar peso sobre um membro e o controle do tronco.

Ação

- Observe a ação da marcha dos pontos de vista anterior, posterior e lateral, atentando-se ao movimento em pontos-chave. (Os pontos-chave podem ser notados/identificados marcando-se os seguintes locais: articulação sacroilíaca direita/esquerda, parte lombar da coluna no nível de L_3, parte torácica da coluna no nível de T_6 e em ambas as proeminências ósseas do trocanter maior.)

Critérios de aprovação

Movimento equilibrado a cada passo.

Pontos a serem observados:

Falhas na respiração

- Padrão respiratório anormal/deficiente/ineficiente.
- Ação de prender a respiração.
- Ritmo alterado.

Falhas no movimento

- Queda do quadril (suporte de peso/sem suporte de peso).
- Movimentos lombopélvicos alterados (fase de apoio/fase de balanço).
- Rotação pélvica (limitada/excessiva).
- Posição da coluna.
- Rotação da coluna.
- Posição dos joelhos.
- Movimentos dos pés; pé que gira/que empurra.

Áreas de movimento aumentado

- Movimento alterado na área lombopélvica.

Agachamento

Objetivo

Avaliar a estabilidade e o controle dos membros inferiores.

Ação

- Fique em pé com os pés separados na largura dos ombros e os calcanhares no chão.
- Olhe para a frente e mantenha os ombros alinhados.
- Realize o agachamento com os joelhos alinhados sobre os pés e os pés apontados para a frente. Agache até 90 graus, mantendo os calcanhares no chão.

Critérios de aprovação

Ser capaz de agachar e completar a ação sem restrição ou desconforto.

Pontos a serem observados:

Falhas na respiração

- Padrão alterado.
- Ação de prender a respiração.

Falhas no movimento

- Suporte de peso alterado.
- Posição dos joelhos (rotação/alinhamento).
- Flexão limitada do quadril.
- Extensão excessiva da região lombar.
- Cifose torácica.
- Posição alterada da cabeça.

Avanço

Objetivo

Avaliar a estabilidade dinâmica dos membros inferiores e desafiar a estabilidade do tronco no movimento combinado de extensão/flexão do quadril.

Ação

- Fique em pé com os pés separados na largura dos ombros e os calcanhares no chão.
- Olhe para a frente e mantenha os ombros alinhados.
- Dê um passo à frente com uma das pernas, dê um passo para trás retornando à posição inicial, e alterne as pernas.

Critérios de aprovação

- Capacidade de manter os joelhos alinhados com os dedos do pé.
- Manutenção da parte anterior do pé no chão.
- O quadril não deve empurrar para a frente; controle de extensão do quadril.
- A região lombar não deve formar um arco para trás.
- Habilidade de manter o equilíbrio durante o exercício.
- Controle do quadril e do joelho.
- Coordenação das áreas do centro de força do corpo.

Pontos a serem observados:

Falhas na respiração

- Ação de prender a respiração.
- Padrão respiratório variável.
- Ação de forçar a respiração.

Falhas no movimento

- Hiperextensão da coluna.
- Arredondamento da parte superior da coluna para a frente.
- Rotação pélvica.
- Inclinação lateral do tronco.
- Rotação do pé.
- Rolamento do calcanhar.
- A perna de trás avançar sobre a perna da frente.
- No retorno à posição de pé, condução do movimento pelo corpo e não pelos quadris (pelve).

Equilíbrio em pé em uma perna

Objetivo

Determinar o controle da estabilidade do tronco enquanto realiza a flexão do quadril em pé.

Ação

- Em pé com os pés afastados na largura do quadril, dobre uma perna até o quadril.
- Mantenha a outra perna estendida.

Critérios de aprovação

Ser capaz de manter a posição com uma perna em extensão sem mudanças no alinhamento dos quadris (pelve) e dos ombros (mantendo o quadro).

Pontos a serem observados:

Falhas na respiração

- Ação de prender a respiração.
- Padrão respiratório variável.

Falhas no movimento

- Enrijecer o tronco.
- Equilíbrio estático alterado.
- Perda do movimento fino na flexão do quadril.
- Abdução do quadril (lado com suporte de peso/lado sem suporte de peso).
- Inclinação/rotação lombopélvica.
- Elevação/queda do quadril.
- Rotação medial/lateral do quadril.
- Habilidade alterada de realizar o movimento em pé (indicada pela dificuldade de realizar atividades em pé).

Flexão do ombro

Objetivo

Indicar a estabilidade do ombro com o tronco estável, de pé.

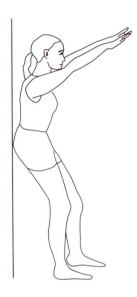

Ação

- Fique em pé com os pés separados na largura dos ombros e os calcanhares no chão.
- Olhe para a frente e mantenha os ombros alinhados.
- Posicione as mãos unidas em frente ao corpo e eleve os braços acima da cabeça.

Critérios de aprovação

- Ser capaz de impedir que o tronco se mova durante a flexão anterior do ombro.
- Ser capaz de manter as escápulas em posição média, sem elevá-las.

Pontos a serem observados:

Falhas na respiração

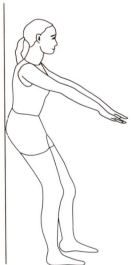

- Ação de prender a respiração.
- Padrões respiratórios variáveis.

Falhas no movimento

- Enrijecer o tronco.
- Perda do movimento suave.
- Extensão toracolombar.
- Inclinação pélvica anterior.
- Posicionamento alterado das escápulas em todo o movimento.

Flexão de braço

Objetivo

Determinar o controle e a força do cíngulo do membro superior e do tronco.

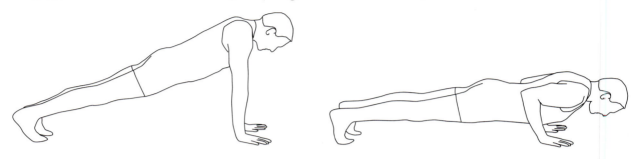

Ação

- Posicione os punhos/cotovelos no chão, abaixo dos ombros; pernas estendidas para trás com os dedos dos pés apoiados em flexão.
- Mantenha a coluna reta, com o peso do corpo nos dedos dos pés. Dobre seus cotovelos e deixe o corpo se mover para baixo em direção ao chão. Mantenha a posição.
- Empurre para cima com os braços, a fim de estender os cotovelos.

Nota: Algumas pessoas não conseguem executar uma flexão de braço completa; nesse caso, devem posicionar os joelhos no chão.

Critérios de aprovação

Capacidade de completar uma flexão de braço sem que sejam necessárias estratégias de compensação.

Pontos a serem observados:

Falhas na respiração

- Ação de prender a respiração.
- Padrão respiratório variável.
- Padrão respiratório acessório.

Falhas no movimento

- Enrijecer o tronco.
- Posição/movimento/controle alterados das escápulas.
- Escápula alada.
- Hiperextensão do cotovelo.
- Flexão cervicotorácica.
- Extensão cervical superior (cabeça para cima).
- Flexão/rotação/extensão toracolombar.
- Inclinação pélvica.

Curl-up (abdominal com flexão parcial do tronco)
Objetivo
Realizar a ação de elevar o tronco na sequência correta.

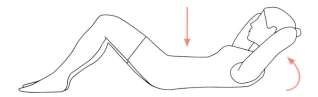

Ação

- Deite-se em decúbito dorsal com os joelhos flexionados em 90 graus e os calcanhares no chão.
- Posicione as mãos atrás da cabeça, com os cotovelos afastados.
- Mantenha a coluna neutra.
- Eleve o tronco e mantenha a posição.
- Retorne ao solo.

Critérios de aprovação
Ser capaz de fazer a sequência do abdominal sem projetar o queixo para a frente ou perder a posição neutra da pelve.

Pontos a serem observados:

Falhas na respiração

- Ação de prender a respiração.
- Padrão respiratório variável do ideal (expirar para ativar a ação).
- Padrão respiratório acessório.
- Diafragma protuberante.

Falhas no movimento

- Flexão/extensão lombopélvica.
- Inclinação pélvica anterior.
- Extensão toracolombar.
- Flexão/extensão torácica.
- Rotação pélvica.
- Movimento brusco.
- Contrair e não conseguir levantar o tronco – dominância dos flexores do quadril.

Desafio de quatro apoios

Objetivo

Avaliar a capacidade do tronco de manter uma posição nivelada enquanto é desafiado.

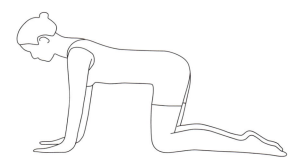

Ação

- Fique em quatro apoios.
- Posicione as mãos abaixo dos ombros, com os joelhos abaixo dos quadris.
- Esteja certo de que suas costas estão em linha reta por toda a coluna.
- Enquanto mantém a posição da coluna em linha reta, estenda um dos braços para a frente e, como um desafio adicional, deslize a perna oposta para trás de você.

Critérios de aprovação

Ser capaz de manter a posição nivelada das costas enquanto o braço e a perna opostos estão elevados.

Pontos a serem observados:

Falhas na respiração

- Ação de prender a respiração.
- Padrão respiratório variável.

Falhas no movimento

- Incapacidade de manter a coluna reta por todo o teste.
- Flexão torácica (arredondar os ombros).
- Rotação na parte torácica da coluna vertebral.
- Escápula alada.
- Posição alterada da escápula durante o teste; retração do ombro na elevação do braço.
- Protrusão da cabeça durante a elevação do braço.
- Alteração da posição da cabeça (queda, inclinação, queixo projetado para a frente).
- Rotação pélvica.

Ponte

Objetivo

Desafiar a estabilidade da região central do corpo em extensão.

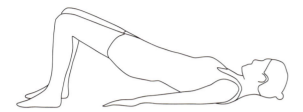

Ação

- Deite-se em decúbito dorsal com a coluna em posição neutra e os joelhos flexionados em 90 graus. Mantenha os pés apoiados no chão.
- Eleve a pelve, afastando-a do chão, até um ponto em que o tronco e a pelve estejam em linha paralela.

Critérios de aprovação

Capacidade de manter a coluna neutra na posição elevada. Coordenação entre as áreas.

Pontos a serem observados:

Falhas na respiração

- Ação de prender a respiração.
- Padrão respiratório variável.
- Padrão respiratório acessório.

Falhas no movimento

- Enrijecer o tronco.
- Rotação/inclinação lombopélvica.
- Extensão-flexão-rotação toracolombar.
- Flexão cervicotorácica.
- Extensão cervical superior.
- Extensão alterada do joelho.
- Sensação de cãibra nos isquiotibiais.

Alinhamento corporal durante o exercício

Postura

Como indicado na seção sobre postura (ver página 24), há vários tipos de posturas e diferenças indicadas pelos músculos que estão fortes ou fracos. Essas diferenças resultam em mudanças de alinhamento nas áreas-chave (área central de força) – pescoço-escápula, tronco-pelve etc. É preciso haver um equilíbrio entre o comprimento e a força, a fim de que o(s) exercício(s) selecionado(s) possam ser executados de modo satisfatório.

Alinhamento da perna

Durante o exercício, a posição das pernas precisa estar definida em relação à amplitude da articulação que está sendo movimentada, conforme as exigências do exercício.

O movimento articular incorreto conduzirá a falha mecânica articular, maior sobrecarga na articulação e possível lesão.

Um exemplo disso é a rotação lateral excessiva do quadril no exercício de Círculos com a perna, que pode resultar em rotação na pelve/parte lombar da coluna, conduzindo a mudanças na mecânica articular normal.

Posição da cabeça

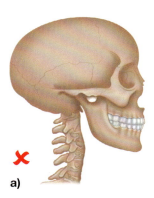 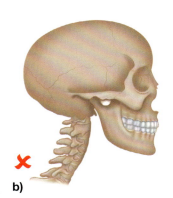 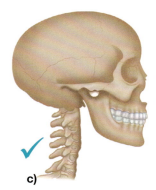

Figura 2.8: Posicionamento da cabeça e do pescoço; a) cabeça para trás e para baixo; b) cabeça para a frente e para baixo; c) cabeça para a frente e para cima.

Encontrando a posição

Enquanto mantém uma posição relaxada do ombro e das costelas, posicione a cabeça no solo, incline-a para a frente e alongue o pescoço, tentando aplainá-lo no solo. Suavize essa posição e note que a correta posição de repouso deve estar entre a base do crânio e o alto da cabeça, com a testa paralela ao teto. O queixo deve estar solto e não comprimido sobre a garganta. A sensação é de estiramento/alongamento no pescoço.

A pelve e a coluna neutras são importantes pontos de referência para os exercícios de pilates; se você está com uma pelve neutra, você também está com a coluna neutra, com o movimento da pelve definindo a curvatura na coluna.

Pelve neutra

Pelve neutra é a posição mais natural e normal de sua pelve. Esta posição proporciona uma mecânica corporal adequada e preserva as curvaturas suaves e naturais da coluna, especialmente da região lombar, permitindo que seus abdominais funcionem apropriadamente. Ao balançar suavemente sua pelve para a frente e para trás, você encontrará sua posição neutra, definida por sua espinha ilíaca anterossuperior (EIAS) e pelo osso púbico estando no mesmo plano (horizontal enquanto deitado, vertical enquanto em pé). Quando encontrar sua posição neutra ideal, esteja certo de que você está também apoiado no chão na região toracolombar. (A região toracolombar é a área central de força da parte superior do corpo; quando essa área está apoiada, você pode se assegurar de que a parte torácica da coluna está mantendo sua curvatura convexa.)

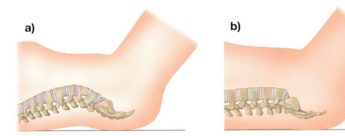 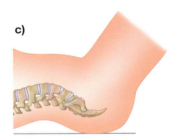

Figura 2.9: Inclinações pélvicas; a) neutra, em que o triângulo formado por púbis e cristas ilíacas está paralelo ao solo; b) inclinação posterior, também conhecida como *imprint*; c) inclinação anterior.

O pilates original se refere à posição da pelve com inclinação posterior, e esta continua a ser usada quando se realizam exercícios em que os membros inferiores não têm contato com o solo (exercícios de cadeia aberta), por exemplo, o Alongamento de uma perna. Todavia, o posicionamento da coluna em inclinação anterior/posterior aumenta a compressão no disco intervertebral e pode causar desconforto nas costas.

Inclinação posterior = A parte lombar da coluna vertebral se achata, e a sínfise púbica se eleva acima da EIAS.

Inclinação anterior = A parte lombar da coluna vertebral se arqueia, e a sínfise púbica desce abaixo da EIAS.

Coluna neutra

A coluna neutra é definida como a posição relativa da espinha ilíaca anterossuperior (EIAS) e da sínfise púbica, quando a EIAS se encontra paralela dentro do plano transverso. Como a coluna não é uma estrutura reta, mas possui as curvaturas que formam as lordoses cervical e lombar, a coluna neutra também se refere à presença dessas curvaturas naturais da coluna vertebral; é considerada um estado dinâmico que irá se mover conforme você se movimenta ao longo do exercício, para promover a distribuição equilibrada das cargas entre as muitas articulações e discos da

coluna, bem como promover o fortalecimento da musculatura abdominal transversa. Entretanto, há muitos exercícios de pilates que movimentam a coluna dentro e fora da posição neutra como resultado da articulação e do movimento da coluna.

Coluna/pelve neutra = Observa-se uma curvatura natural na região lombar conforme a sínfise púbica e a EIAS se tornam niveladas uma à outra.

Figura 2.10: A posição neutra da coluna.

Posição da caixa torácica

A posição da caixa torácica e a coluna neutra trabalham intimamente ligadas, graças aos seguintes fatores:

- a inserção dos abdominais nas costelas;
- a necessidade de um bom alinhamento das costelas com a pelve;
- a conexão do cíngulo do membro superior, que é uma conexão muscular necessária para um bom movimento;
- a importância da estabilidade do tronco.

Se você pensar no centro do tronco (caixa torácica) como o núcleo do centro de força, qualquer restrição nessa área irá afetar a coluna e a pelve e interferir na habilidade de respirar de modo eficiente. A posição ou o movimento restrito da costela, i. e., a inabilidade da caixa torácica em expandir e contrair em cada respiração, altera o movimento e o comprimento funcional dos músculos da coluna vertebral (eretores da espinha torácica) e provoca rigidez no latíssimo do dorso.

Posição do pé

Quando você realiza um exercício, a posição dos pés é importante para completar a postura dos membros inferiores e garantir o movimento correto. Essa conexão a partir do tronco e quadris para os pés mantém o corpo em alinhamento. Duas posições são usadas:

1. Pé flexionado (dorsiflexionado). A ênfase aqui é alongar através do calcanhar.
2. Ponta do pé (flexão plantar). Precisa ser suave, não forçada. A posição forçada do pé criará uma tensão desnecessária e tensão muscular alterada.

Controle escapular

Um cíngulo do membro superior (cintura escapular) estável é essencial para proporcionar suporte e transferir forças para o tronco e a partir do tronco, além de ser um fundamento seguro para o movimento do braço. A estabilidade escapular é um componente-chave da habilidade de manter-se estável enquanto é desafiado por exercícios de pilates por meio da manutenção de sua posição neutra ao realizar exercícios com os membros superiores. Além disso, essa é a posição em que há um equilíbrio entre o grupo muscular do manguito rotador e o grupo estabilizador da escápula.

A eficiência da escápula em funcionar como área do centro de força para o movimento do membro superior depende da ativação dos músculos estabilizadores e mobilizadores na sequência correta.

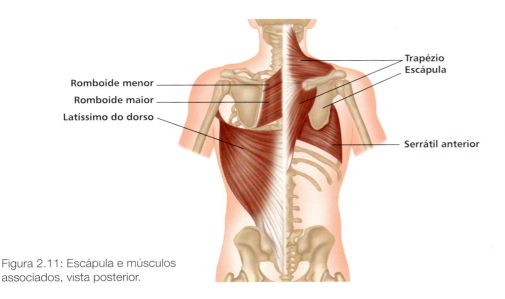

Figura 2.11: Escápula e músculos associados, vista posterior.

Treinamento para escápula neutra
Objetivos

- Melhorar a consciência posicional.
- Ativar os músculos estabilizadores (parte ascendente do trapézio, serrátil anterior).
- Trabalhar com os flexores profundos do pescoço.

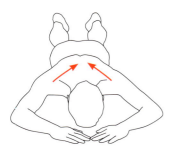

Figura 2.12: Pressão do diamante.

Ação

- Deite-se em decúbito ventral e contraia os abdominais inferiores.
- Enquanto expira, leve as escápulas para baixo e para trás em direção à cintura.
- Conserve essa posição e deixe que sua cabeça se eleve, mantendo a testa paralela ao solo.
- Mantenha a posição e então relaxe.

Progressão
Fique na posição de quatro apoios, com os punhos abaixo dos ombros. Na expiração (contraindo os abdominais inferiores), deslize as escápulas para baixo. Ao mesmo tempo, empurre para baixo pressionando as mãos no solo e puxe os braços para baixo em direção aos pés sem que haja movimento. Não deixe o seu corpo sair da posição de quatro apoios. Observe a contração dos músculos escapulares e do latíssimo do dorso (área do centro de força escapular).

O centro de força/faixas musculares

Existe uma ligação funcional e mecânica entre os grupos musculares e as áreas do centro de força do movimento (pescoço-escápula, tronco-pelve etc). Graças à anatomia dos músculos-chave, a conexão dos músculos em uma faixa se torna uma ação que nos permite utilizar nossos membros e tronco de uma forma estável, eficiente e dinâmica.

Essa ligação tem sido chamada de faixas musculares. Essas faixas musculares agem como mecanismos acoplados entre as áreas do centro de força, o que permite a transferência de força de movimento entre elas, e representam, então, os componentes ativos do sistema de estabilização pélvica.

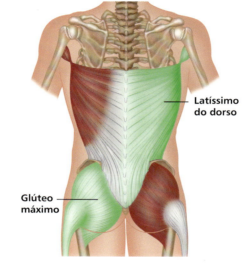

Figura 2.13: A faixa oblíqua posterior; latíssimo do dorso e glúteo máximo trabalhando de maneira cooperativa.

Faixa oblíqua superior	Faixa oblíqua posterior inferior	Faixa oblíqua anterior	Faixa longitudinal profunda	Faixa primária
Glúteo máximo	Banda iliotibial	Oblíquo interno	Fáscia muscular do quadril	Transverso do abdome
Tensor da fáscia lata	Vasto lateral	Oblíquo externo	Bíceps femoral	Multífido
Latíssimo do dorso (lado oposto)	Glúteo médio	Transverso do abdome	Fibular longo	Diafragma
Eretor da espinha	Glúteo mínimo	Adutores	Tibial anterior	Assoalho pélvico
Quadrado do lombo	Adutores	Iliopsoas		
		Reto do abdome		

Aplicação do método pilates

3

O pilates integra todo o corpo, treinando áreas corporais isoladamente ou em conjunto por meio da aplicação dos princípios de movimento e estabilidade. Cada exercício de pilates tem um foco muscular (i. e., controle motor, flexibilidade e equilíbrio muscular) ou um objetivo. As áreas de foco trabalham em níveis progressivos diferentes para tornar possível à pessoa construir habilidade e coordenação enquanto realiza o exercício.

Equilíbrio muscular

O equilíbrio muscular é determinado como a relação entre o tônus ou a força e o comprimento dos músculos em torno de uma articulação. Os músculos podem ser classificados em dois tipos básicos: aqueles que estabilizam uma articulação e aqueles que são responsáveis pelo movimento.

Estabilizadores e mobilizadores

Músculos estabilizadores, como o nome indica, são aqueles que estabilizam uma articulação; são compostos de fibras de contração lenta – que produzem resistência – e ajudam na manutenção da postura. Eles podem ser subdivididos ainda em estabilizadores primários – que têm inserções muito profundas, situadas próximo ao eixo de rotação articular – e estabilizadores secundários, que são músculos potentes, com uma habilidade de absorver grandes quantidades de força. Os estabilizadores trabalham contra a gravidade e tendem a ficar fracos e alongados com o tempo. Pessoas com um alinhamento postural deficiente ou um estilo de vida sedentário tendem a apresentar tônus insuficiente nesses músculos.

Os mobilizadores são os músculos responsáveis pelo movimento. Tendem a ser mais superficiais e menos potentes que os estabilizadores, mas produzem uma amplitude de movimento maior. Eles tendem a cruzar duas articulações e são compostos de fibras de contração rápida que geram força, mas não resistência. Os mobilizadores auxiliam com movimentos rápidos ou balísticos e produzem grande força. Com o tempo e o uso, tendem a enrijecer e encurtar.

Estabilizadores primários

Multífido, transverso do abdome, oblíquo interno, glúteo médio, vasto medial, serrátil anterior, trapézio (parte ascendente), flexores profundos do pescoço, sóleo.

Estabilizadores secundários

Glúteo máximo, oblíquo externo, quadríceps, iliopsoas*, subescapular, infraespinal, trapézio (parte descendente)*, quadrado do lombo, adutor magno.

Mobilizadores

Iliopsoas*, isquiotibiais, reto femoral, tensor da fáscia lata, adutores do quadril, piriforme, reto do abdome, oblíquo externo, quadrado do lombo*, eretor da espinha, esternocleidomastóideo, trapézio (parte descendente)*, elevador da escápula, romboides, peitoral menor, peitoral maior, escalenos, gastrocnêmio.

Os músculos marcados com asterisco (*) podem agir tanto como estabilizadores quanto como mobilizadores, de acordo com a situação.

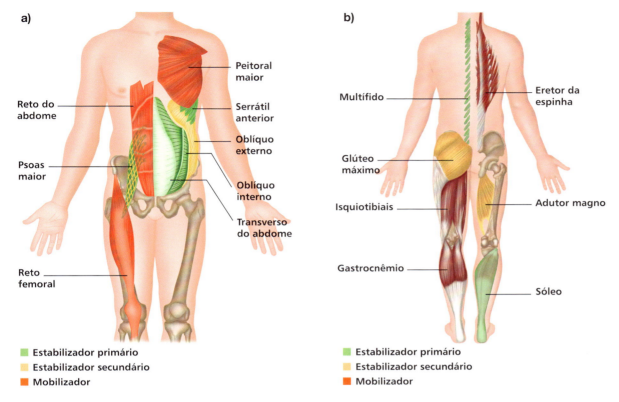

Figura 3.1: Principais estabilizadores e mobilizadores; a) vista anterior, b) vista posterior.

Assim, durante as atividades cotidianas, os músculos esqueléticos agem tanto como estabilizadores quanto como mobilizadores. Como esboçado anteriormente, os músculos estabilizadores mantêm a postura ou seguram o corpo em uma determinada posição como uma "plataforma", de modo que os músculos mobilizadores possam fazer o corpo movimentar-se de uma determinada maneira. Para manter a postura, as fibras musculares estabilizadoras realizam uma contração mínima durante um período extenso de tempo. A maioria das pessoas na sociedade moderna deveria beneficiar-se de exercícios (como os do método pilates) que visam especificamente os músculos posturais profundos negligenciados, pois isso pode aumentar a habilidade de estabilizar os movimentos funcionais.

É particularmente importante manter seu tronco como uma plataforma estável em relação aos movimentos realizados pelos seus membros. Como o tronco ou a secção média é o "centro de força" do corpo, o êxito em atuar como uma plataforma estável está relacionado à estabilidade do centro de força. A estabilidade do centro de força pode ser resumida como o restabelecimento bem-sucedido dos músculos profundos que mantêm a posição neutra (curvaturas naturais) da coluna durante todos os outros movimentos do corpo.

Além disso, os músculos estabilizadores profundos criam coletivamente o que se designa como uma unidade local muscular. Esses músculos incluem o transverso do abdome, multífido, assoalho pélvico e diafragma. Os principais músculos que iniciam o movimento dos membros enquanto trabalham em união com os músculos locais são coletivamente chamados de músculos globais. Estes compreendem o eretor da espinha, os oblíquos interno e externo, os glúteos, o quadrado do lombo e o reto do abdome.

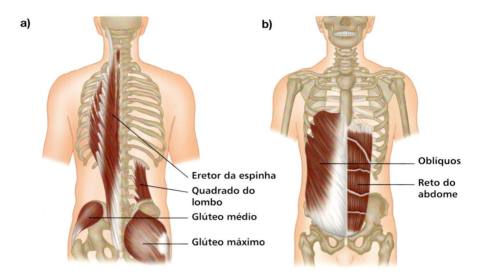

Figura 3.2: Músculos globais; a) vista posterior, b) vista anterior.

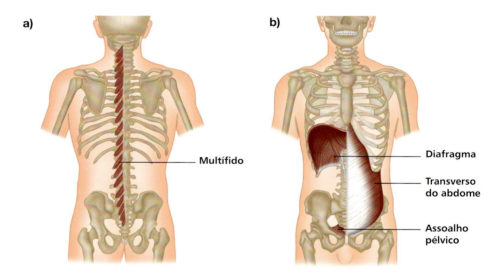

Figura 3.3: Músculos locais; a) vista posterior, b) vista anterior.

Equilíbrio normal do movimento

No método pilates, a ênfase está na ideia de que os músculos devem trabalhar em pares e não isoladamente. O esquema a seguir ilustra os vários papéis que os músculos precisam desempenhar para alcançar um movimento suave.

Assim como a ativação de agonista-antagonista, eles também precisam trabalhar dentro dos seus papéis de mobilizadores e estabilizadores; essa coordenação permite a correta ativação dos exercícios específicos de pilates.

Agonista	Sinergista
Músculo que se contrai para produzir um movimento específico.	Um sinergista evita ou elimina qualquer movimento indesejável que possa ocorrer enquanto o agonista se contrai.

Antagonista	Fixador
O músculo no lado oposto do agonista (motor primário) de uma mesma articulação deve relaxar para permitir que o motor primário se contraia.	Grupo muscular que mantém uma base estável para permitir a ação do agonista.

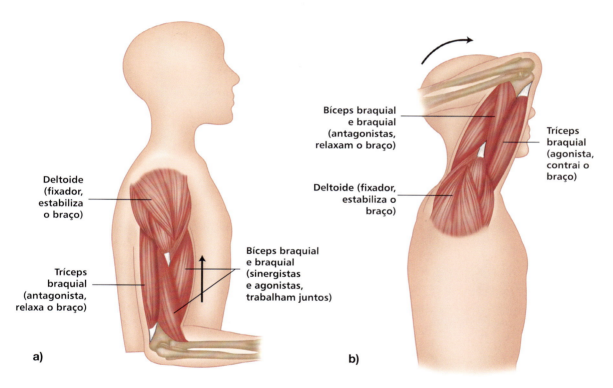

Figura 3.4: Ação muscular em grupo: a) flexão do braço no cotovelo, b) extensão do braço no cotovelo (mostrando papéis invertidos de agonista e antagonista).

Desequilíbrio muscular

Desenvolvimento do desequilíbrio muscular

Quando o sistema muscular está trabalhando bem e em equilíbrio, haverá boa estabilidade e controle no movimento; contudo, mudanças podem acontecer. Três exemplos de desenvolvimento de desequilíbrio muscular são:

1. Durante um período de tempo, os mobilizadores podem inibir a ação dos estabilizadores e começar a mover e tentar estabilizar a si mesmos. Essa inibição dos estabilizadores e a contração preferencial dos mobilizadores são centrais no desenvolvimento do desequilíbrio muscular. No pilates, isso pode ser observado, por exemplo, quando os oblíquos in-

ternos, durante o exercício abdominal (*curl-up*/flexão torácica), fixam a pelve em inclinação posterior, no lugar de mantê-la neutra.

2. Tensão dos músculos mobilizadores. Isso irá resultar em uma limitação da amplitude de movimento, alterando assim a qualidade do movimento e impondo uma grande sobrecarga na articulação. A tensão irá resultar em inibições recíprocas (tensão nos músculos pode inibir o grupo muscular oposto).

3. Fraqueza dos músculos estabilizadores. Redução na resistência para manter uma contração pode levar a um estiramento do músculo em questão. Além disso, o músculo estabilizador irá reduzir sua habilidade em manter uma posição adequada para as amplitudes de movimento associadas.

"Um estado de desequilíbrio muscular existe quando um músculo é fraco e seu antagonista é forte. O mais forte dos dois oponentes tende a encurtar, e o mais fraco dos dois tende a distender. Tanto a fraqueza quanto o encurtamento podem causar falha no alinhamento. A fraqueza permite uma posição de deformidade, mas o encurtamento cria uma posição de deformidade." (Kendall, 1983)

Aprendizado motor

O estabelecimento da habilidade motora por meio do método pilates é alcançado com a construção de metas de estabilidade, coordenação, equilíbrio e resistência muscular, embora hoje se acredite que alguns exercícios podem requerer mais do que 10 repetições para desenvolver resistência. O aprendizado motor é uma resposta adaptativa à integração sensorial, usando os sentidos de tato, visão, movimento e sensibilidade de posição. Esses sentidos formam um modelo (uma teoria de desenvolvimento motor estabelecida) que compreende três fases – cognitiva, associativa e automática – e que se integra bem com o método pilates e seu desenvolvimento progressivo do exercício.

Os três componentes da resposta adaptativa do aprendizado de habilidade motora

Fase cognitiva	Fase associativa	Fase automática
<ul><li>Compreensão do movimento.</li><li>Desenvolvimento de ideias sobre como alcançá-lo.</li><li>Necessidade de focar em qual movimento realizar.</li><li>Necessidade de estímulo visual por meio da demonstração e muitas repetições do movimento correto.</li></ul>	<ul><li>Movimento mais coordenado.</li><li>Mais consciência do movimento.</li><li>Habilidade de lidar com o desafio de novos exercícios.</li><li>Habilidade de focar na realização do movimento.</li></ul>	<ul><li>Movimento coordenado.</li><li>Qualidade no movimento.</li><li>Movimento automático.</li></ul>
← Prazo →		
3 a 6 semanas	8 semanas a 4 meses	Contínuo

Habilidades aplicadas à progressão dos exercícios de pilates

Fase cognitiva	Fase associativa	Fase automática
← Habilidades desenvolvidas →		
Desenvolvimento do padrão respiratório.

Estabelecimento dos padrões fundamentais de movimento – habilidade de identificar músculos estabilizadores.

Habilidade de localizar o movimento com as áreas centrais de força, juntas ou isoladamente, p. ex., tronco, tronco com movimento de braços/pernas etc. | Fortalecimento do controle abdominal enquanto é desafiado.

Melhora dos padrões mais gerais de movimento, movendo a partir do tronco, isoladamente ou de modo coordenado – aprimorando o uso de braços/pernas para desafiar o controle da posição. | Realização do exercício completo/correto com atenção mínima. |

Habilidades de controle motor: estabilização, coordenação

A estabilização do corpo durante o exercício é alcançada por meio da coordenação e da ativação nas áreas do centro de força, ou áreas-chave. Quaisquer mudanças nessa coordenação resultarão na inabilidade de realizar o exercício. (Ver sobre estabilidade escapular na página 42.)

Para se obter a estabilidade pélvica, como mencionado na página 47, os estabilizadores locais transverso do abdome e multífido precisam funcionar normalmente em parceria com os oblíquos internos do abdome, o diafragma e o assoalho pélvico. Além de sua ação de estabilização, esses músculos coordenam suas atividades durante o exercício para facilitar outros mecanismos, como a ativação de outros estabilizadores e mobilizadores para trabalhar na sequência correta de recrutamento. Padrões respiratórios, controle do assoalho pélvico e estabilidade do tronco estão, portanto, intimamente conectados.

O transverso do abdome se conecta com as metades anterior/posterior e superior/inferior do corpo. Por meio dessas conexões, esse músculo exerce um papel no suporte do movimento funcional dos membros superior e inferior, assim como na estabilização da coluna. Ele se estende em volta do tronco e se conecta no interior da fáscia toracolombar, uma bainha de tecido conjuntivo espessa que ajuda a estabilizar o tronco e a pelve.

O transverso do abdome e a fáscia toracolombar constituem uma cinta central que conecta as partes superior e inferior do corpo e, desse modo, ajudam a estabilizar a pelve na coluna e criam uma base firme para os músculos da perna.

Pilates – Uma abordagem anatômica

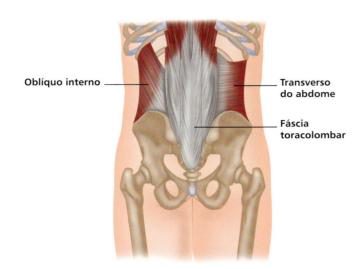

Figura 3.5: Inserção dos músculos transverso do abdome e oblíquos internos na fáscia toracolombar.

A estabilidade se perde quando os músculos estabilizadores profundos apresentam ou uma resistência reduzida para segurar a contração ou pouca força para manter uma posição contra músculos mobilizadores mais superficiais. A estabilidade também se perde se houver presença de desequilíbrio muscular entre grandes grupos musculares mobilizadores.

Coordenação motora

A coordenação do movimento está ligada à habilidade de realizar o exercício de forma suave e controlada. Conforme o controle motor se desenvolve, ele gradualmente se torna inconsciente.

A verdadeira coordenação motora é o ponto em que os princípios do pilates trabalham juntos de uma forma que o desafio imposto pelo movimento pode ser adaptado durante a execução do exercício. Um exemplo pode ser visto no exercício Cem: se o desafio de estender a perna levar à perda da estabilidade no tronco e na pelve, você pode diminuir a carga mantendo os joelhos flexionados a 90 graus, enquanto mantém o controle da respiração e o movimento do membro superior.

A intenção controlada do movimento é um processo gradual e é vista como a construção de níveis de controle com o objetivo de realizar um movimento natural e coordenado.

Flexibilidade

A flexibilidade é determinada como a habilidade do músculo e da articulação de se moverem ao longo de sua amplitude potencial completa para a atividade requerida. Quando as extremidades das conexões musculares se separam, considera-se que o músculo se alonga. Por outro lado, se as conexões musculares são resistentes ao alongamento, então pode-se considerar que o músculo alcançou um grau de encurtamento.

Exercícios para alongar músculos específicos

Músculo	Exercício
Região lombar	Alongamento das duas pernas, Ponte
Coluna vertebral	Ponte, Rolamento para cima, Rolar como uma bola, Balanço com as pernas afastadas
Isquiotibiais	Alongamento das duas pernas, Tesoura, Círculos com a perna, Balanço com as pernas afastadas
Psoas	Ponte, Tesoura, Natação
Quadrado do lombo	Rotação da coluna, Sereia, Alongamento da coluna para a frente
Abdutores do quadril	Rolamento para cima
Quadríceps	Chute com uma perna, Natação
Glúteos	Balanço com as pernas afastadas, Foca
Piriforme	Círculos com a perna
Rotadores do quadril	Círculos com a perna, Chute com uma perna
Tibial anterior	Rolamento para cima
Gastrocnêmio/sóleo	Alongamento da coluna para a frente
Reto do abdome	Serrote
Oblíquos	Alongamento das duas pernas
Latíssimo do dorso	Abdominal com flexão do pescoço, Balanço com as pernas afastadas
Peitoral maior	Elevação da perna de frente
Músculos do pescoço	Abdominal com flexão do pescoço

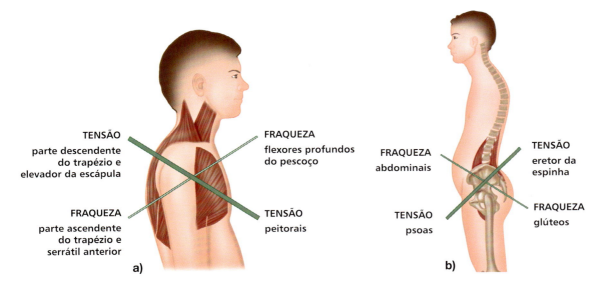

Figura 3.6: Exemplos de efeitos das mudanças no comprimento/força muscular sobre a postura; a) padrões superiores cruzados de fraqueza e tensão, b) padrões inferiores cruzados de fraqueza e tensão.

Há inúmeros exemplos em que músculos encurtados podem contribuir para o movimento debilitado e problemas relacionados:

- o comprimento muscular é influenciado pelos tipos específicos de posturas, e podem ocorrer diferenças;
- a inabilidade de realizar a atividade de modo efetivo;
- fraqueza muscular;
- maior risco de lesão.

Cada exercício implica um comprimento muscular ideal que é necessário ou fundamental para a aplicação do programa de pilates, o que indica um bom equilíbrio entre mobilidade, força e flexibilidade. Exercícios cujo foco está no alongamento, encurtamento ou contração de músculos são importantes para estabelecer o movimento e a postura (estática ou dinâmica) corretos.

Benefícios da flexibilidade
- Programas de alongamento aumentam a flexibilidade. Músculos flexíveis podem melhorar sua habilidade diária de desempenho e farão que as atividades funcionais e os exercícios de pilates se tornem mais fáceis e exijam menos esforço.
- A flexibilidade melhora a amplitude de movimento das articulações. Uma amplitude de movimento boa e funcional mantém o seu corpo em equilíbrio, e isso o ajudará a manter a sua mobilidade.
- A flexibilidade melhora a circulação e aumenta o fluxo sanguíneo para seus músculos. A melhora da circulação pode acelerar a recuperação após lesões musculares.
- A flexibilidade promove uma postura melhor. Os programas de flexibilidade ajudam a evitar que seus músculos se tornem tensos, permitindo a manutenção da boa postura e reduzindo os desconfortos relacionados à postura.
- A flexibilidade pode aliviar o estresse; ajuda a relaxar músculos tensos, o que pode estar associado com posturas estressantes.
- A flexibilidade pode ajudar a evitar lesões ao prevenir a tensão muscular, que altera o desempenho muscular.

Orientações para o treinamento da flexibilidade
Quando um músculo é identificado como encurtado ou tenso, para se estabelecer um bom comprimento funcional, um programa de alongamento precisará ser realizado antes da aplicação de um exercício específico de pilates.

Orientações para um programa de alongamento
- Promover a estabilidade do tronco (por meio do transverso do abdome, multífido, assoalho pélvico).
- Identificar o músculo a ser alongado.
- Mover o músculo a ser alongado por toda a sua amplitude ativa até o final da amplitude disponível.
- Aplicar leve pressão no final da amplitude. Segurar por 2 segundos.

Aplicação do método pilates

- Voltar o músculo à posição inicial.
- Repetir o movimento de alongamento 10 vezes.

Frequência	Intensidade	Duração	Limitações
Mínimo de 2 vezes por semana.\n\nO corpo precisa ser aquecido antes do alongamento.	Ir até o final da amplitude, com tração, mas não o suficiente para criar reflexo muscular/tensão de proteção.	Repetir 10 vezes.\n\nSeguir com exercícios de pilates que utilizam o grupo muscular selecionado.	Dor no movimento ativo até o ponto de tensão.\n\nLesão articular/muscular não diagnosticada.

Pontos-chave

Não exagere, porque o exagero compromete o mecanismo reflexo de tensão-estiramento que, uma vez ativado, protege o músculo de danos e de qualquer aumento na amplitude de movimento.

Foque no estiramento/alongamento sem dor. Espere sentir a tensão no fim da fase ativa durante o movimento de alongamento. Se doer, significa que você foi muito longe. Você precisa apenas realizar o movimento até o primeiro ponto de tensão, e não até a máxima tensão.

Relaxe e respire livremente. Não prenda a respiração enquanto se alonga.

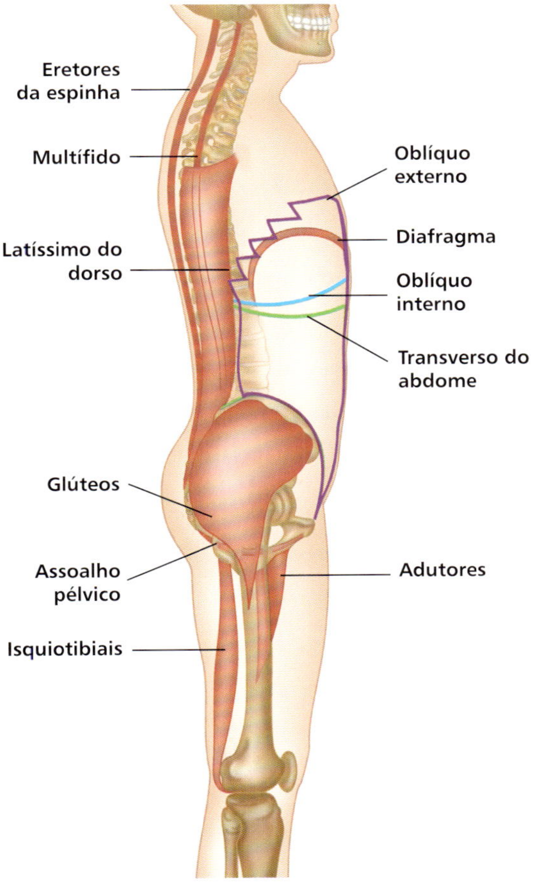

Fortalecimento

O fortalecimento da musculatura do tronco é também mencionado na indústria de *fitness* como força central (CORE) ou estabilidade do centro de força. Como indicado anteriormente (veja na página 14), a estabilidade do centro de força é ilustrada no pilates com o termo "centro de força".

Os programas de pilates trabalham com uma sequência de movimentos que constrói a força muscular. Ao fazer os exercícios de pilates, é necessário executar uma sequência fluida dos componentes músculo/movimento, a fim de alcançar a técnica de exercício ideal.

Você precisa ser capaz de isolar e contrair os músculos estabilizadores do centro de força e então preparà-los para o exercício. Quando você é capaz de isolar os músculos estabilizadores pro-

Figura 3.7: Vista lateral dos músculos estabilizadores do centro de força do corpo.

fundos e manter o controle nesse grupo, os músculos mobilizadores podem então ser utilizados em um padrão de movimento solicitado para um determinado exercício. (É preciso compreender esses pontos antes de realizar qualquer um dos exercícios clássicos descritos no Capítulo 4.)

No método pilates, a intenção é que os exercícios se desenvolvam a partir dos músculos estabilizadores do centro de força, não sendo portanto um simples programa de fortalecimento.

O programa é progressivo em razão de sua ativação sequenciada de grupos musculares (o desenvolvimento trabalha inicialmente com os grupos musculares estabilizadores e então com os mobilizadores, tanto em nível local quanto em nível global) e das conexões das vias neurais (por meio da realização correta do exercício a cada treino e no padrão correto).

O desafio do método pilates consiste em:

- Trabalhar com uma coluna neutra e estável que se conecta com a posição das costelas (posição do tronco) e com o alinhamento correto do ombro.
- Ser capaz de manter esse alinhamento correto das áreas do centro de força durante a execução do movimento/exercício.
- Aumentar progressivamente o envolvimento dos membros.
- Aumentar o envolvimento e o comprimento dos membros com o exercício.
- Trabalhar a habilidade de controlar o movimento correto de forma eficiente. O movimento rápido e/ou casual não é relevante na prática do método pilates – realizar o exercício corretamente é a meta.
- Aumentar a complexidade do padrão espacial do movimento dos membros, por exemplo, padrão linear da perna no Alongamento de uma perna e o padrão rotacional no Círculos com a perna.
- Alterar o ritmo e o compasso do exercício.
- Alterar a complexidade da sequência do programa de exercício, dentro da habilidade, de forma que o programa adotado possa envolver todo o programa clássico de solo, e não apenas partes, isto é, com Séries de cinco exercícios: Alongamento de uma perna, Alongamento das duas pernas, Alongamento com uma perna estendida, Alongamento com as duas pernas estendidas, Cruzamento.
- Direcionar o movimento.

A sequência correta do exercício permite que os músculos necessários operem à medida que forem solicitados.

Grupos musculares

Como mencionado anteriormente, os músculos trabalham tanto juntos como em oposição para alcançar o movimento através da articulação. Antes e durante os exercícios de pilates, é necessário treinar pares de músculos antagonista-agonista para trabalhar de forma integrada e coordenada com o objetivo de alcançar o movimento leve e fluido e reduzir o potencial de lesão.

Desempenho alterado

O desempenho alterado se deve a diversas razões que podem ser vistas isoladamente ou associadas e que podem resultar em falhas na execução do exercício.

Razões para a inabilidade de realizar o exercício

Musculoesquelética		Respiratória	Neural
Componentes articulares	*Componentes musculares*		*Controle motor e integração*
Rigidez articular	Inibição muscular	Padrão respiratório alterado em razão de atividade muscular incorreta (uso excessivo do grupo muscular oblíquo)	Inibição muscular
Inflamação da articulação	Fraqueza/atrofia muscular		Alteração no tônus muscular
Instabilidade articular	Resistência muscular reduzida		Padronização/ sequenciamento muscular insatisfatório
	Contração muscular ou do tecido neural/tensão (rigidez muscular)	Ineficiência	Desequilíbrio do controle inconsciente e consciente
	Desequilíbrio muscular	Hiperventilação	Condicionamento mental diminuído
			Habilidades perceptivas reduzidas

Fatores que contribuem para a fraqueza muscular e o desempenho alterado

1. Atrofia muscular

Este tipo de fraqueza é demonstrado pela inabilidade do músculo em manter a posição exigida, o que pode ser resultado da falta de prática. Observe, por exemplo, o esforço muscular na área escapular para manter a posição usada no exercício de Flexão de braço.

É possível melhorar esse quadro por meio do treinamento de músculos específicos solicitados na realização do exercício.

2. Distensão muscular

A distensão muscular é indicada pela presença de dor quando o músculo é contraído. É resultado de dilacerações nas fibras musculares decorrentes de sua inabilidade de suportar as demandas impostas. Existem três graus de distensão muscular.

As distensões de grau I são indicadas por um pequeno número de fibras rompidas, com dor localizada e sem perda de força.

As distensões de grau II são indicadas por um número significativo de fibras rompidas, com dor durante a contração muscular, força reduzida e movimento limitado (por causa da dor).

As distensões de grau III são indicadas pela ruptura completa do músculo (observada na maior parte das vezes na junção musculotendínea).

Não há lugar no programa de pilates para a ocorrência de distensão muscular. A ocorrência desse tipo de lesão indica que você está trabalhando em um nível além de sua habilidade e capacidade de suportar carga.

3. Dor muscular

É observada junto à distensão muscular, devido a substâncias químicas presentes no tecido muscular. Um exemplo é a dor muscular de início tardio, ou DMIT. Esse tipo se desenvolve como uma dor latente 24-48 horas após o exercício e pode durar três dias. Ela parece ser pior com exercício excêntrico (que envolve contração muscular enquanto o músculo é alongado).

A causa verdadeira é desconhecida, e os seguintes fatores parecem contribuir para sua melhora: desaquecimento correto após o exercício, execução de exercícios ativos e sem sobrecarga e aplicação de calor no músculo, por exemplo, com banhos quentes.

4. Cãibra muscular

Esta é uma condição involuntária que resulta em músculos repentinamente doloridos e provoca a inabilidade de realizar contração muscular. Há diversas teorias a respeito de suas causas, entre as quais figuram desidratação, baixos níveis de sódio e músculos excessivamente tensos.

Não há estratégias garantidas, mas a prevenção pode ser feita com:

- alongamento regular do músculo específico, mantendo o comprimento normal do tecido muscular;
- correção do equilíbrio muscular e da postura;
- condicionamento adequado para a atividade, utilizando períodos de recuperação do treinamento;
- fortalecimento excêntrico do músculo dentro do programa de treinamento, obtido em um programa de pilates abrangente.

5. Fraqueza muscular causada por alongamento excessivo

Se o músculo é mantido em uma posição de alongamento por um período prolongado, ele se torna fraco, o que é resultado de posturas inadequadamente mantidas e de uma técnica de exercício insatisfatória. Esse alongamento excessivo pode ser revertido se você realizar fortalecimento do músculo com exercícios alternados que utilizem grupos musculares similares e corrigir os fatores relevantes que levaram ao alongamento excessivo, como por exemplo, curvar-se enquanto sentado.

Aplicação do método pilates

6. Rigidez muscular

Esta condição é determinada pela necessidade de força para alterar a mudança do comprimento do músculo durante um movimento. Os dois componentes que constituem a rigidez são:

1. Rigidez muscular intrínseca: a composição física do músculo.

2. Rigidez mediada por reflexo: o sistema de controle sensorial e motor do fuso muscular, que é sensível a mudanças no comprimento e na força no nível da fibra muscular.

Mudanças nesses dois componentes irão afetar sua habilidade de se mover bem, de forma coordenada e fluida.

Programa de pilates

Sequência de movimento do método pilates

Ao realizar um exercício de pilates, é necessário executar uma sequência fluida dos componentes músculo-movimento com o objetivo de alcançar a técnica ideal do exercício. Você precisa ser capaz de isolar e contrair os músculos estabilizadores do centro de força e treiná-los para o trabalho.

Cada exercício pode ser dividido em componentes de movimento a fim de alcançar uma meta específica e deve ser repetido como descrito na tabela da página 62, de acordo com sua complexidade. Para praticar a permanência estática da posição neutra, você deve ser capaz de repetir 10 vezes cada exercício, mantendo-se na posição por 10 segundos a cada vez.

A habilidade de contrair a área do centro de força e controlá-la é um processo dinâmico, assim como a habilidade de manter o alinhamento da coluna com a mesma qualidade de controle da pelve. Esse processo dinâmico também é necessário para controlar a pelve a fim de estabelecer uma base estável para trabalhar. Não se trata apenas de fortalecimento abdominal, mas sim de uma contração coordenada e controlada dos abdominais em resposta às demandas impostas a eles. Os músculos mais superficiais (ou grupos musculares mobilizadores) precisam trabalhar na mesma base estável, de modo que os músculos estabilizadores profundos (transverso do abdome, glúteo mínimo/médio e estabilizadores escapulares) precisam ter a ativação correta e a capacidade de resistência para atender aos desafios dos exercícios de pilates.

Se o foco estiver no desenvolvimento de força a partir dos membros, uma contração adicional dos abdominais do centro de força (estabilizadores) poderá ser necessária na fase de preparação de todos os exercícios.

Quando você é capaz de isolar os músculos estabilizadores profundos e manter o controle desse grupo, os músculos mobilizadores podem então ser utilizados no padrão de movimento exigido para a realização do exercício.

Pilates – Uma abordagem anatômica

Resumo de um exercício de pilates usado em um programa de estabilização do tronco

Estágio 1	Estágio 2	Estágio 3
Isolar e treinar músculos estabilizadores profundos.	Manter estabilizadores profundos, isolar músculos no grupo muscular externo da faixa muscular usada no exercício. Aumentar gradualmente a carga nos músculos estabilizadores profundos (mover os membros).	Tornar o exercício mais complexo enquanto mantém os músculos estabilizadores profundos (centro de força). Aumentar a velocidade.
Transverso do abdome. Multífido. Assoalho pélvico.	Faixa muscular: oblíquo posterior/ anterior. Longitudinal profundo. Primário.	A maioria dos músculos mobilizadores.

(Adaptado de: Richardson, C. et al., 1998.)

É preciso compreender esses pontos antes de realizar qualquer dos exercícios clássicos descritos no Capítulo 4.

Componentes de cada exercício

	Preparação para o movimento	Movimento inicial	Pico de esforço do movimento	Fase de retorno
Foco na atividade muscular	Isometria	Excêntrico	Concêntrico	Excêntrico
Padrão respiratório Cada exercício deve ter um padrão respiratório específico, de acordo com sua complexidade	Inspiração	Expiração	Segurar/inspirar	Expiração
Ativação do grupo muscular	Estabilizadores profundos	Mobilizadores	Estabilizadores globais	Mobilizadores
Estabilização	Posição neutra	Aumento	Esforço pico	Redução ao nível de base
Carga	Baixa	Aumentada	Máxima para o exercício	Reduzida
Coordenação	Baixa	Média	Alta	Média

Orientações gerais para a realização dos exercícios

Existem algumas considerações que se deve ter em mente antes de selecionar os exercícios a serem executados.

1. Comece aplicando os princípios do método pilates para criar uma posição inicial estável. (Pode ser a posição de coluna neutra sobre o solo.) Realize uma contração de qualidade dos músculos estabilizadores do centro de força e mantenha a consciência do movimento e o alinhamento correto. Intensifique o padrão respiratório.

2. Conheça o objetivo de cada exercício.

3. Durante a fase principal do exercício, mantenha o equilíbrio muscular, um movimento fluido e de qualidade, e a estabilidade antes da mobilidade.

Os exercícios de pilates seguem uma sequência de desenvolvimento, que é indicada de acordo com o programa clássico; no entanto, uma vez que tenha sido estabelecida uma base estável, ela pode ser usada para trabalhar em diferentes direções ou padrões a fim de ajudar no desenvolvimento integral do movimento. A seguir, algumas sugestões de exercícios divididas de acordo com direções específicas.

Padrões de movimento e exercícios selecionados

Padrões de movimento	Exercícios selecionados
Flexão da coluna	Ponte Rolamento para cima Alongamento da coluna para a frente Cem, Séries de cinco exercícios
Extensão da coluna	Mergulho do cisne Chute com as duas pernas
Rotação/flexão lateral da coluna	Sereia, Serrote, Rotação da coluna, Séries de exercícios com uma perna
Articulação pelve-quadril, mobilização e fortalecimento muscular	Ponte, Círculos com a perna, Alongamento da coluna para a frente, Torpedo
Fortalecimento e estabilização da parte superior do corpo	Alongamento das duas pernas, Cem, Elevação da perna de frente

Seleção de exercícios de pilates com base no nível de habilidade

Exercício	Nível	Repetições
Cem	Iniciante	100 toques
Rolamento para cima	Iniciante	3 repetições
Rolamento para trás	Avançado	5 de cada
Círculos com a perna	Iniciante	5 de cada
Rolar como uma bola	Iniciante	6 repetições
Alongamento de uma perna	Iniciante	5 séries
Alongamento das duas pernas	Iniciante	6 repetições
Alongamento com uma perna estendida/Tesoura	Intermediário	5 séries
Alongamento com as duas pernas estendidas	Intermediário	5 repetições
Cruzamento	Intermediário	5 séries
Alongamento da coluna para a frente	Iniciante	3 repetições
Balanço com as pernas afastadas	Intermediário	6 repetições
Saca-rolhas	Avançado	3 séries
Serrote	Intermediário	3 séries
Mergulho do cisne (extensão)	Avançado	6 repetições
Chute com uma perna	Intermediário	6 séries
Chute com as duas pernas	Avançado	5 séries
Abdominal com flexão do pescoço	Intermediário	3 repetições
Tesoura	Avançado	3 séries
Bicicleta	Avançado	5 séries de cada
Ponte sobre os ombros	Avançado	3 séries
Rotação da coluna	Intermediário	3 séries
Canivete	Avançado	3 repetições
Elevação com chute lateral	Iniciante	3 séries
Abdominal em V	Intermediário	3 repetições
Círculos com o quadril	Avançado	3D, 3E
Natação	Intermediário	20 vezes
Elevação da perna de frente	Avançado	3 séries
Elevação da perna de costas	Avançado	3 séries
Chute lateral ajoelhado	Avançado	4D, 4E
Rotação da coluna	Avançado	3D, 3E
Bumerangue	Avançado	6 repetições
Foca	Iniciante	6 repetições
Controle e equilíbrio	Avançado	6 séries
Flexão de braço	Avançado	3 repetições

Exercícios clássicos de pilates

4

Nota

No tópico "foco muscular", os músculos são listados basicamente dentro de seus respectivos grupos, como os isquiotibiais, ou de acordo com o movimento, por exemplo flexores do quadril. Isso se deve ao fato de um único exercício poder utilizar um ou mais músculos.

Cem (*The hundred*)

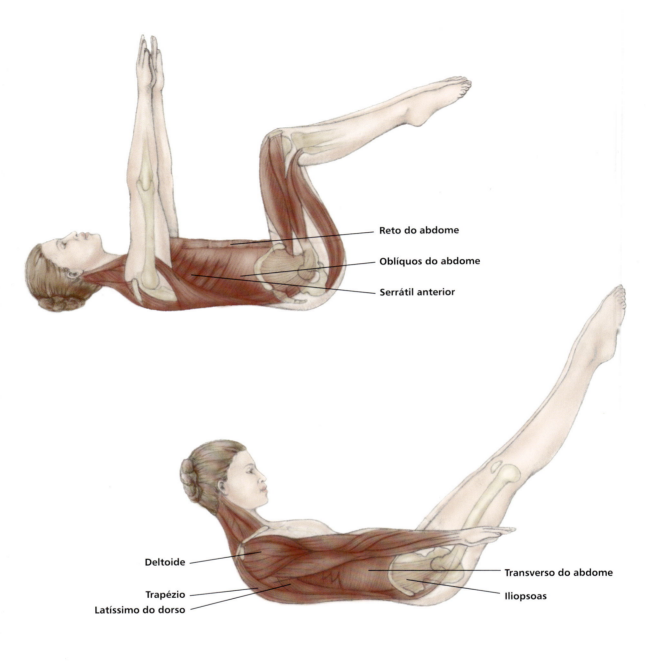
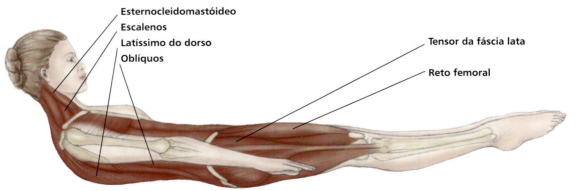

EXERCÍCIOS CLÁSSICOS DE PILATES

Objetivos do exercício

Aumentar a força do grupo dos músculos abdominais. Melhorar o controle respiratório e o uso do padrão respiratório torácico. Estimular a circulação e servir como exercício de aquecimento.

Descrição do exercício

- Deite-se em decúbito dorsal com os joelhos flexionados em 90 graus, braços estendidos em direção ao teto com as palmas das mãos abertas.
- Role para cima e para a frente a partir do alto da cabeça, levando as mãos para a frente, com as palmas para baixo, como se quisesse alcançar os pés.
- Estique as pernas e junte os calcanhares, apontando para um ponto fixo. Mantenha esse ponto com os pés virados para fora. Conforme progredir em sua força abdominal, você poderá abaixar as pernas.
- Pressione os braços estendidos para baixo cinco vezes, coordenando sua respiração com essa ação e levando as mãos, fora do solo, o mais longe que puder.

Dicas para o exercício

Para manter a posição correta da cabeça, imagine que está segurando levemente uma bola embaixo do seu queixo. Trabalhe com a respiração através das costelas (respiração costal lateral).

Padrão respiratório

Expiração: cinco movimentos de pressão para baixo com os braços. *Inspiração*: cinco movimentos de pressão para baixo com os braços.

Cuidados essenciais

- Mantenha a coluna na posição neutra.
- Trabalhe em um nível que intensifique sua força abdominal.
- Em cada expiração, esvazie completamente os pulmões.
- Mantenha a conexão entre os ombros e o tronco durante todo o exercício.

Erros comuns

- Perder o controle da correta posição da cabeça.
- Deixar que os ombros rolem para a frente.
- Movimentar o tronco enquanto pressiona os braços para baixo; é preciso mantê-lo estático.
- Deixar o olhar voltado para baixo (atenção para que seus abdominais não relaxem).

Foco muscular

Grupo dos músculos abdominais. Flexores profundos do pescoço. Flexores do quadril. Serrátil anterior.

Rolamento para cima (Roll-up)

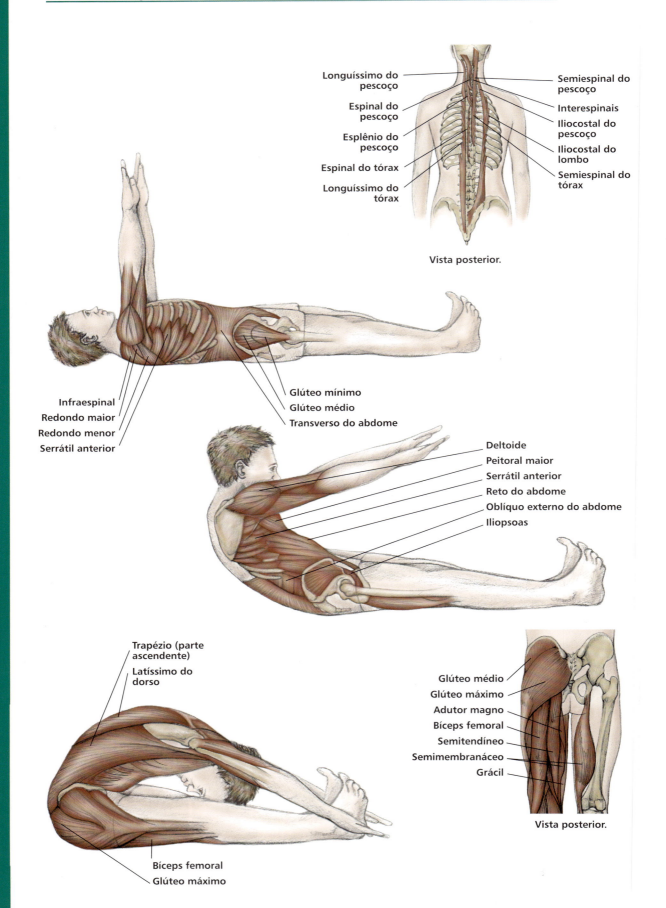

Vista posterior.

Objetivos do exercício

Fortalecer os abdominais. Restaurar o ritmo normal da parte lombar da coluna vertebral. Alongar os isquiotibiais. Desenvolver a mobilidade e a estabilidade da coluna. Alongar os músculos das costas.

Descrição do exercício

- Deite-se em decúbito dorsal com os braços acima da cabeça.
- Relaxe as costelas no solo, deixando os cotovelos esticados, as pernas estendidas e os calcanhares pressionados contra o chão.
- Contraia os músculos da parte inferior do abdome para criar uma leve tensão nos abdutores do quadril.
- Traga os braços estendidos na direção do teto e comece a rolar para cima e para a frente.
- Continue a rolar até que suas mãos alcancem um ponto acima dos pés.
- Agora comece a rolar de volta à posição inicial, mantendo os músculos do abdome contraídos até que as escápulas alcancem o solo e os braços retornem ao mesmo ponto acima da cabeça. Apoie a cabeça no solo para finalizar o movimento.
- Trabalhe com a respiração através das costelas (respiração costal lateral).

Dicas para o exercício

Faça pressão apenas com os calcanhares. Mantenha o olhar para baixo durante todo o exercício. Deixe os abdominais contraídos o tempo todo. Movimente uma vértebra de cada vez. Mantenha o pescoço em uma posição alongada e relaxada, para minimizar a tensão na parte superior do corpo. Concentre-se em tirar a coluna do solo de maneira segmentada.

Padrão respiratório

Inspire para se preparar. Expire para rolar para cima. Inspire quando estiver na posição alongada. Expire ao retornar à posição inicial.

Cuidados essenciais

- Ao rolar para baixo, relaxe a região frontal dos quadris (não contraia).
- Deixe o peito relaxado.
- Abra os ombros ao rolar para baixo.
- Ao retornar à posição inicial, comece o movimento relaxando o esterno.
- Não prenda a respiração.
- Mantenha os braços relaxados.
- Ao longo de todo o exercício, execute o rolamento suavemente.

Erros comuns

- Perder o controle dos abdominais.
- Projetar o queixo para cima.
- Perder o equilíbrio e cair bruscamente com as costas no chão.
- Deixar que os pés ou as pernas se elevem do chão conforme você rola para cima.

Foco muscular

Extensores das costas. Latíssimo do dorso. Glúteos. Isquiotibiais. Abdominais. Oblíquos. Iliopsoas.

Rolamento para trás (*Rollover*)

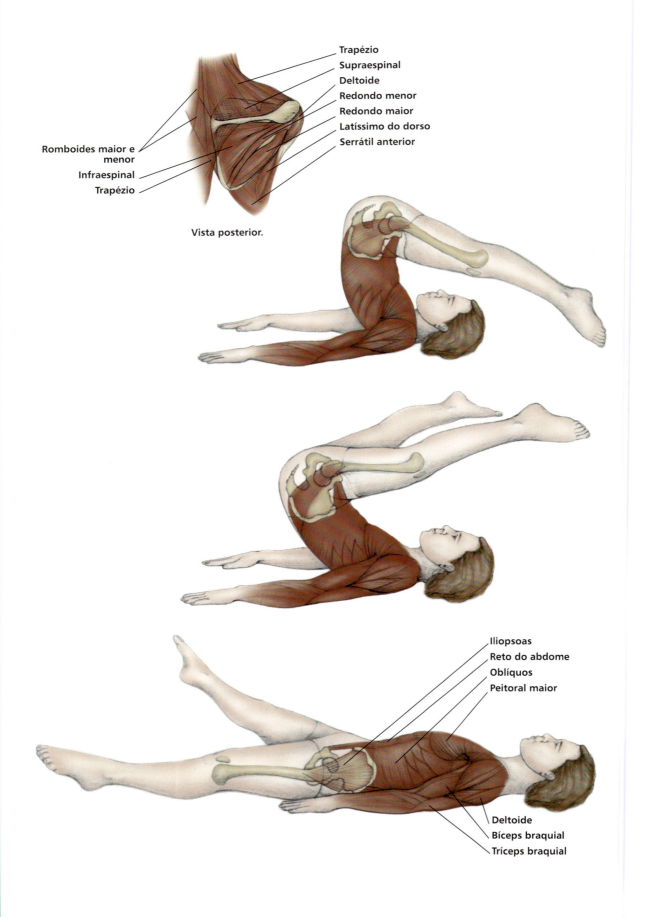

Vista posterior.

Objetivos do exercício

Controlar e desafiar a flexibilidade da coluna. Controlar/contrair profundamente os músculos abdominais e das costas. Alongar a coluna. Favorecer a boa articulação da coluna. Alongar a região lombar e os isquiotibiais.

Descrição do exercício

- Deite-se no chão em decúbito dorsal com os braços ao longo do corpo e lentamente eleve as pernas do solo, levando-as estendidas sobre a cabeça até que os dedos do pé toquem o chão. Mantenha os braços pressionados contra o chão.
- Afaste as pernas na largura dos quadris, e então role devagar a coluna de volta em direção ao chão, mantendo as pernas estendidas ao longo de todo o movimento de retorno. Vá unindo as pernas conforme os pés se aproximarem do solo.
- De forma controlada, retorne as pernas juntas à posição inicial.

Dica para o exercício

Contraia os músculos da região inferior do abdome antes de começar a abaixar as pernas.

Padrão respiratório

Expire ao levantar as pernas. Inspire ao levar os dedos do pé em direção ao chão. Expire ao retornar as pernas à posição inicial.

Cuidados essenciais

- Mantenha o movimento em ritmo constante em ambas as direções.
- Trabalhe os abdominais ao longo de todo o exercício.
- Mantenha o peito aberto, com os braços estendidos ao longo do corpo junto ao solo.
- Mantenha a cabeça imóvel.
- Não deixe os joelhos virarem para dentro durante o exercício.
- Mantenha o pescoço alongado com a base do crânio no solo.

Erros comuns

- Usar impulso para conseguir rolar para trás.
- Perder o ângulo de 90 graus mantido nos quadris durante o rolamento para trás.
- Não manter as coxas próximas ao peito na fase de rolar de volta à posição inicial.
- Rolar muito para trás e acabar sobrecarregando o pescoço.

Foco muscular

Iliopsoas. Reto do abdome. Oblíquos. Flexores do ombro. Extensores do ombro.

Círculos com a perna (*Single leg circles*)

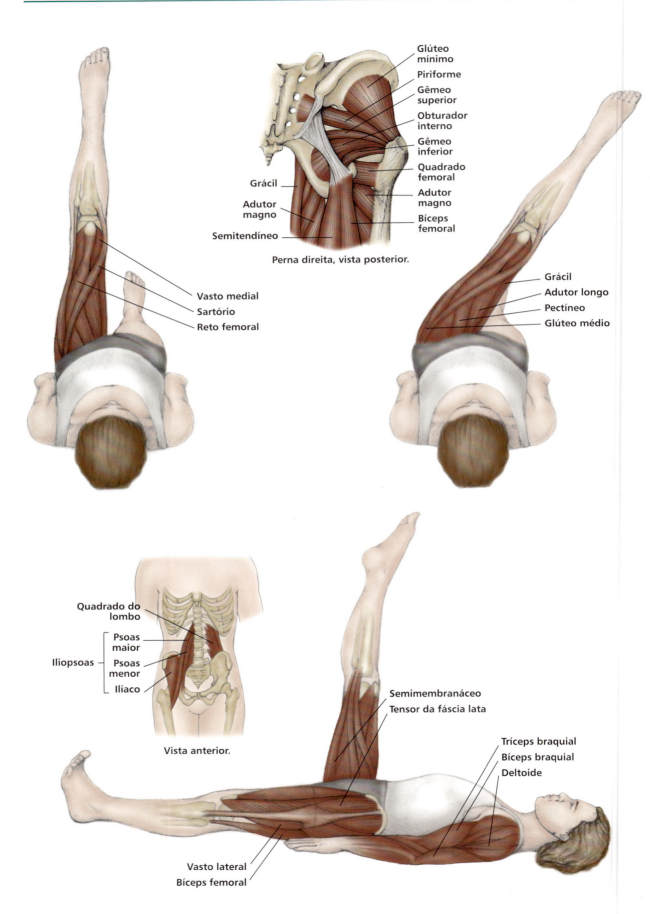

Perna direita, vista posterior.

Vista anterior.

Objetivos do exercício

Melhorar a estabilidade de todo o tronco. Trabalhar abdominais, especialmente os oblíquos, para manter a estabilidade do tronco durante os círculos. Alcançar a estabilidade da pelve neutra. Melhorar a habilidade de mover, de forma controlada, a perna separadamente da pelve. Desenvolver o controle dos flexores do quadril.

Descrição do exercício

- Deite-se em decúbito dorsal com os braços ao lado do corpo.
- Eleve uma das pernas o mais alto que puder, mantendo as costas no solo.
- Mantenha ambas as pernas estendidas.
- Faça um círculo com a perna, movendo-a obliquamente ao corpo, para baixo em direção ao solo, para fora e para cima.
- Faça três círculos, e então mude a direção.
- Repita o exercício com a outra perna.

Dicas para o exercício

Comece com círculos pequenos e aos poucos vá aumentando o tamanho. Relaxe os flexores do quadril de forma que a perna possa se mover livremente.

Padrão respiratório

Expire na primeira metade do círculo. Inspire enquanto conduz a perna para cima até a posição inicial.

Cuidados essenciais

- Mantenha a perna estendida. (Apenas se necessário, pode-se realizar este exercício fazendo-se os círculos com o joelho flexionado.)
- Mantenha a região inferior das costas no solo. (O movimento deve ocorrer no quadril e não na parte lombar da coluna.)
- Mantenha a pelve na posição neutra durante todo o exercício.
- Não coloque nenhuma tensão no pescoço – mantenha-o alongado.
- Mantenha as palmas para baixo, a fim de evitar que o corpo balance de um lado para o outro.
- Faça os círculos com a perna de forma controlada, assegurando-se de que o movimento é mantido no quadril e não na coluna.

Erros comuns

- Movimentar o corpo.
- Colocar tensão no pescoço.
- Perder o controle da pelve neutra.

Foco muscular

Flexores do quadril. Isquiotibiais. Adutores. Abdutores. Rotadores do quadril. Extensores dos braços.

Rolar como uma bola (*Rolling like a ball*)

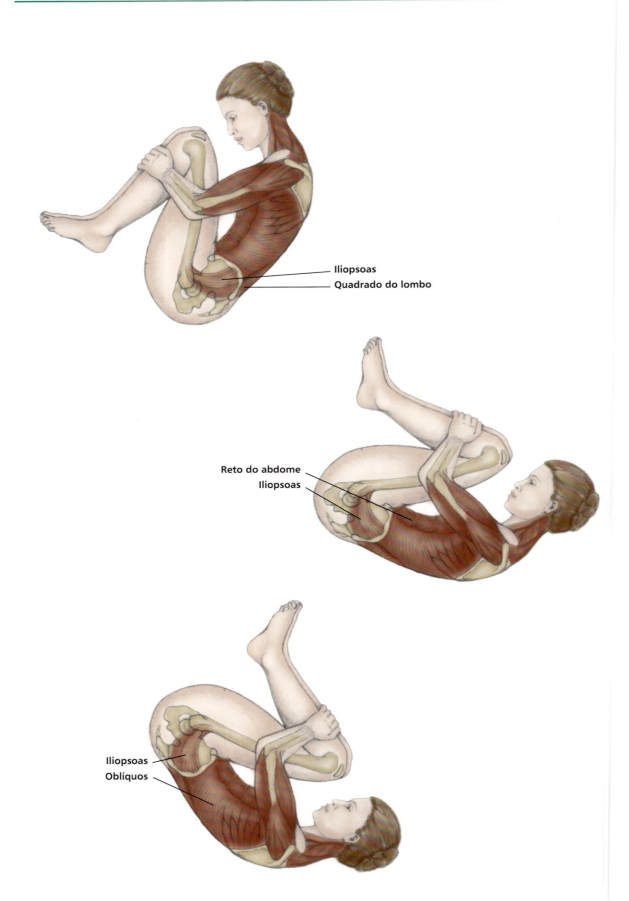

Objetivos do exercício

Reduzir a tensão na coluna. Adquirir e estabelecer o controle do ponto de equilíbrio. Estabelecer o controle do impulso do movimento. Desafiar a habilidade de manter a contração abdominal durante todo o exercício.

Descrição do exercício

- Sente-se na borda do colchonete e estabeleça seu ponto de equilíbrio.
- Flexione os joelhos até que seus pés toquem os glúteos. Posicione as mãos à frente, em torno dos joelhos.
- Abaixe o queixo, levando-o em direção ao peito, e contraia os abdominais.
- Deixe o seu corpo rolar para trás, conduzindo também os seus pés nessa direção.
- Mantenha os cotovelos abertos.
- Conforme você rolar de volta, mantenha a distância entre o peito e as coxas. Assegure-se de que mantém os calcanhares próximos aos glúteos durante todo o exercício.
- Deixe o seu corpo rolar de volta até a posição inicial usando os músculos glúteos para ajudar a criar impulso.

Dicas para o exercício

Ao rolar para trás, pense que suas costas estão sendo massageadas. Deixe que o impulso do seu corpo ajude a rolar para trás. Contraia os glúteos conforme você se encurva para rolar: isso ajuda a controlar o ponto de equilíbrio.

Padrão respiratório

Inspire na preparação. Expire conforme inicia o movimento. Inspire no retorno.

Cuidados essenciais

- Inicialmente, abra um pouco os joelhos para ajudar a controlar o movimento.
- Não deixe que as costas batam contra o chão ao rolar de volta; use os abdominais para articular a coluna, pressionando-a no solo para fazer um movimento suave.
- Não curve os ombros; mantenha-os conectados ao tronco.
- Mantenha os abdominais contraídos durante todo o movimento.
- Mantenha o queixo no peito.

Erros comuns

- Permitir que seus abdominais relaxem (é preciso mantê-los em contração durante todo o exercício).
- Rolar muito para trás e sobrecarregar o pescoço.
- Bater contra o solo. Faça o movimento lentamente contraindo os abdominais.

Foco muscular

Iliopsoas. Reto do abdome. Oblíquos.

Alongamento de uma perna (Single leg stretch)

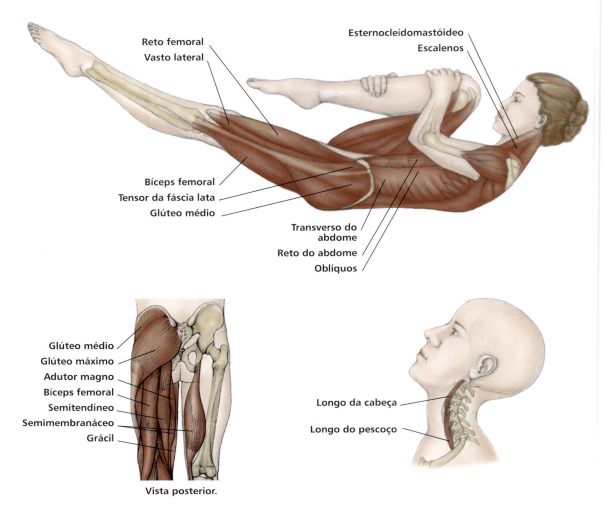

Vista posterior.

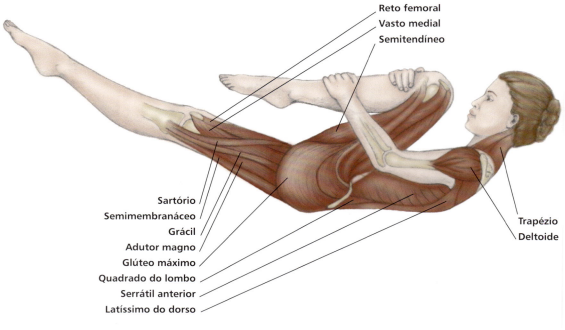

Objetivos do exercício

Alcançar a estabilidade do movimento. Coordenar o movimento. Adquirir controle dos músculos abdominais profundos.

Descrição do exercício

- Deite-se em decúbito dorsal com os joelhos dobrados sobre o peito. Os joelhos devem estar em 90 graus, e os dedos dos pés unidos e levemente em ponta.
- Posicione as mãos no lado externo das panturrilhas. A cabeça deve descansar no solo.
- Contraia os abdominais inferiores e lentamente eleve a cabeça. Coloque a mão direita no lado externo do tornozelo direito. Coloque a mão esquerda no lado interno do seu joelho direito.
- Alongue a perna esquerda afastando-a do seu corpo e mantendo-a estendida. Permaneça com o pé relaxado. Conforme esticar a perna esquerda, dobre o joelho direito aproximando-o do peito. Alterne as posições de braços e pernas.

Dicas para o exercício

Assegure-se de que a perna estendida fique erguida o mais baixo possível para manter o controle no tronco. (Tenha o cuidado de não tensionar a parte inferior das costas.) Mantenha a posição elevada e flexionada do pescoço durante todo o exercício. Permaneça com os cotovelos abertos e tome cuidado para não abaixá-los subitamente durante o exercício.

Padrão respiratório

Inspire ao preparar a perna para mudar de fase. Expire no movimento seguinte.

Cuidados essenciais

- Se sentir o pescoço tensionar, apoie a cabeça no solo.

Erros comuns

- Não manter o controle dos abdominais profundos durante todo o movimento.
- Perder a posição neutra da pelve.
- Desenvolver tensão no pescoço e no ombro.
- Inclinar-se para um dos lados durante o movimento (mantenha o tronco alinhado).

Foco muscular

Isquiotibiais. Glúteos. Latíssimo do dorso. Oblíquos. Quadrado do lombo. Abdominais. Flexores profundos do pescoço. Estabilizadores da escápula. Flexores do quadril. Extensores do quadril (glúteo máximo).

Alongamento das duas pernas (*Double leg stretch*)

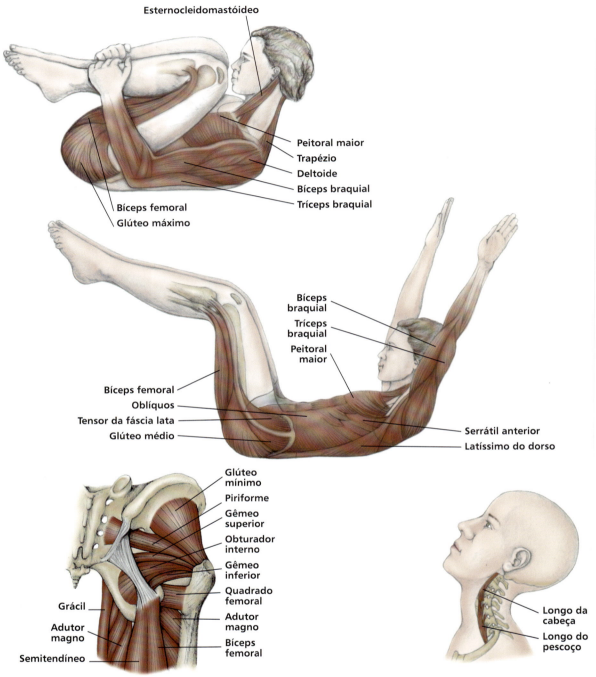

Perna direita, vista posterior.

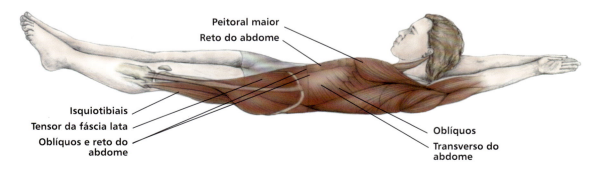

Objetivos do exercício

Fortalecer os abdominais ao movimentar o centro de gravidade. Fortalecer os flexores profundos do pescoço. Coordenar a respiração ao longo de toda a sequência. Melhorar a estabilidade do tronco. Desenvolver a coordenação e a fluidez do movimento.

Descrição do exercício

- Deite-se em decúbito dorsal e segure os joelhos sobre o peito afastados na largura dos quadris, deixando os dedos dos pés unidos.
- Flexione lentamente o tronco para alongar a nuca elevando a cabeça do solo.
- Estenda as pernas de forma que elas se afastem dos quadris, mantendo os calcanhares juntos.
- Flexione os pés e sinta suas pernas alongarem até os calcanhares.
- Ao mesmo tempo que você alonga as pernas, eleve os braços bem alto, levando-os para cima e para trás até que fiquem no mesmo nível das orelhas.
- Faça então um movimento circular com os braços, levando-os até as coxas.
- Abaixe a cabeça até a posição inicial e dobre os joelhos. Repita a sequência.

Dica para o exercício

Mantenha uma base estável ao longo de todo o exercício.

Padrão respiratório

Inspire na preparação. Expire conforme esticar os braços e as pernas a partir da posição inicial. Inspire ao retornar à posição inicial.

Cuidados essenciais

- Mantenha a coluna neutra durante todo o exercício.
- Não deixe que a sua coluna se arqueie aumentando a lordose lombar.
- Mantenha os abdominais contraídos durante o exercício. Inicialmente mantenha as pernas elevadas, e deixe-as mais baixas conforme desenvolver sua força abdominal, preservando o controle.
- Mantenha as coxas unidas quando alongar as pernas.
- Permaneça com os ombros conectados durante todo o exercício.
- Mantenha o peito aberto. (Não o encolha conforme elevar a cabeça.)

Erros comuns

- Deixar que os abdominais percam o controle durante o exercício.
- Projetar o queixo para cima durante o exercício.
- Colocar os braços atrás das orelhas. (Isso irá causar a elevação da caixa torácica e a perda de controle sobre o tronco.)

Foco muscular

Latíssimo do dorso. Peitorais. Abdominais. Oblíquos. Flexores profundos do pescoço. Adutores. Psoas. Trapézio (parte ascendente). Glúteos. Isquiotibiais. Rotadores externos do quadril. Rotadores do braço.

Alongamento com uma perna estendida (*Single straight leg stretch*)

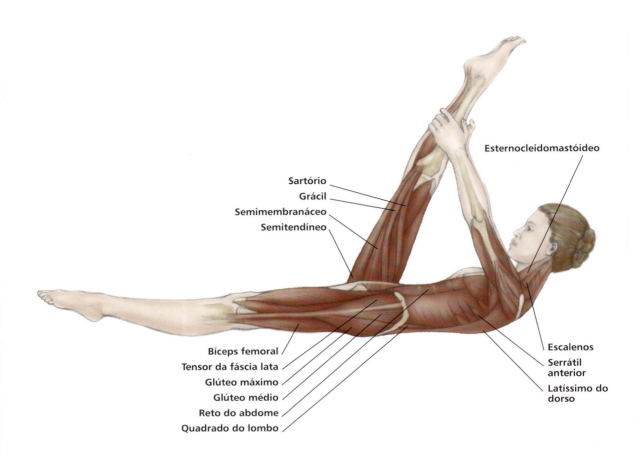

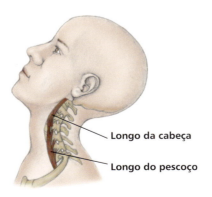

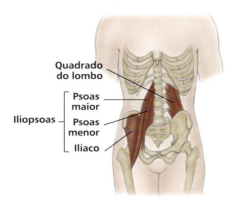

Vista anterior.

Objetivos do exercício

Alongar a parte posterior da coxa. Melhorar o controle e a força das pernas. Aumentar a força nos abdominais. Aprimorar a habilidade de mover a perna separadamente do tronco.

Descrição do exercício

- Eleve a cabeça do solo.
- Alongue uma perna para cima e estenda a perna oposta de forma que ela fique apenas fora do chão. Mantenha a linha do quadril, segure a panturrilha da perna elevada e estenda-a em direção ao teto.
- Alterne as pernas.

Dicas para o exercício

Trabalhe no desenvolvimento da força das pernas enquanto estiver alongando-as. Crie um movimento oposto, pressionando as pernas nos braços.

Padrão respiratório

Inspire na preparação. Expire conforme puxar a perna para cima. Inspire ao trocar as pernas.

Cuidados essenciais

- Mantenha o peito aberto e os ombros abaixados, não permitindo que ultrapassem a altura da perna estendida fora do chão.
- Mantenha a perna alongada.

Erros comuns

- Perder o controle da posição de coluna neutra.
- Sobrecarregar a parte inferior da coluna. (O exercício é muito desafiador nesse estágio.)
- Perder o controle da cabeça e deixar que o queixo se projete para a frente.

Foco muscular

Abdominais. Isquiotibiais. Flexores do quadril. Flexores profundos do pescoço.

EXERCÍCIOS CLÁSSICOS DE PILATES

Alongamento com as duas pernas estendidas (*Double straight leg stretch*)

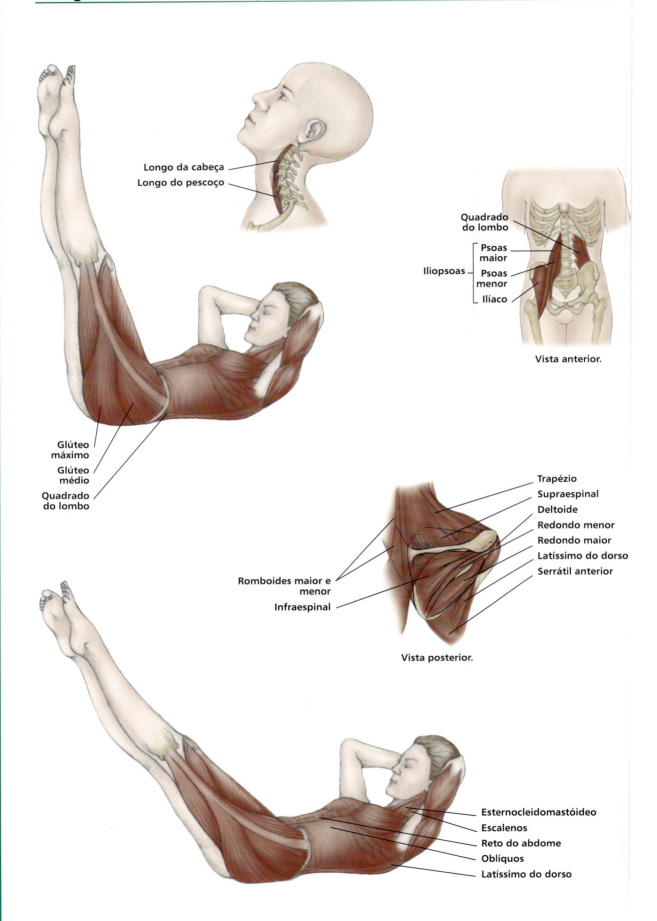

Objetivos do exercício

Fortalecer os abdominais. Aumentar a estabilidade do tronco. Desenvolver a coordenação e a fluidez do movimento.

Descrição do exercício

- Deite-se em decúbito dorsal e entrelace as mãos atrás da cabeça, com as pernas estendidas para cima na posição clássica de pernas usada no método pilates.
- Expirando, eleve a cabeça e o pescoço até um ponto em que as escápulas fiquem fora do chão.
- Mantenha os cotovelos afastados.
- Mantenha o controle por meio do padrão respiratório.
- Abaixe as pernas até um ponto que permita que a parte inferior das costas permaneça apoiada no solo.
- Eleve as pernas até a posição inicial.

Dica para o exercício

Para ajudar a fase de elevação das pernas, pense que precisa deixar a parte inferior das costas firmemente apoiada no solo ("imprint").

Padrão respiratório

Inspire na preparação; eleve as pernas de volta à posição inicial. Expire e abaixe as pernas.

Cuidados essenciais

- Mantenha a parte inferior das costas apoiada firmemente no chão. Mantenha o controle por meio dos grupos musculares do centro de força.
- Quanto mais baixas estiverem as pernas, maior será o trabalho dos músculos abdominais. Trabalhe inicialmente com uma pequena amplitude, mas aumente-a conforme a força se desenvolver.
- Use a parte interna das coxas e os músculos glúteos para envolver e controlar o movimento de abaixar as pernas.

Erros comuns

- Girar os ombros para a frente durante a elevação da cabeça.
- Forçar o movimento; trabalhe na zona de controle dos seus abdominais.
- Perder o controle dos abdominais.
- Deixar que a cabeça se projete para a frente. Mantenha o pescoço alongado sustentando a cabeça com as mãos.

Foco muscular

Abdominais. Flexores do quadril. Flexores profundos do pescoço.

Cruzamento (*Criss-cross*)

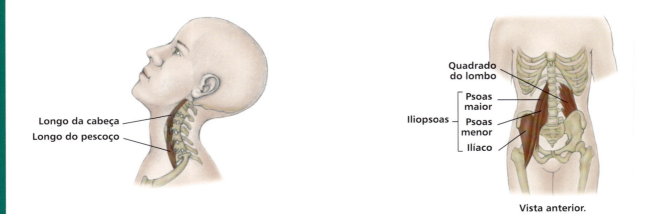

Vista anterior.

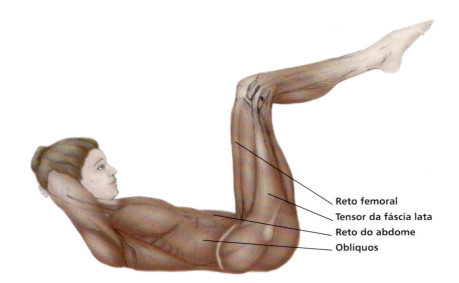

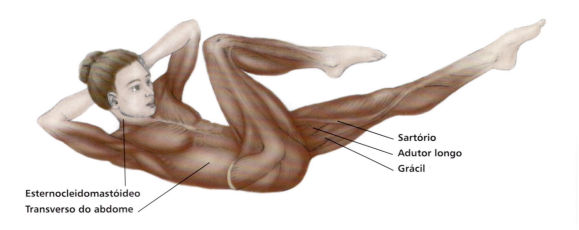

Objetivos do exercício

Trabalhar os grupos musculares oblíquos. Melhorar o controle rotacional na coluna. Desenvolver a estabilidade pélvica e a rotação do tronco. Reforçar o conceito de respiração torácica.

Descrição do exercício

- Deite-se em decúbito dorsal com os quadris e os joelhos flexionados a 90 graus e os pés afastados na largura dos quadris. As mãos atrás da cabeça, e os cotovelos abertos.
- Flexione o pescoço elevando a cabeça até que ambas as escápulas estejam fora do chão.
- Mantenha essa posição enquanto contrai os músculos abdominais inferiores e leva o ombro direito em direção ao joelho oposto. Seu peito deve estar voltado para o joelho. Mantenha os cotovelos abertos.
- Troque a posição direcionando, desta vez, o ombro esquerdo em direção ao joelho direito, sempre com os ombros fora do chão. Siga alternando as direções fazendo movimentos cruzados.

Dicas para o exercício

Mantenha as escápulas fora do chão durante o exercício. Mantenha os cotovelos abertos.

Padrão respiratório

Expire durante a flexão do pescoço e a retirada da cabeça do solo. Inspire de um lado e expire quando cruzar o movimento.

Cuidados essenciais

- Não conduza o movimento com o cotovelo; conduza com a parte anterior do ombro, mantendo a conexão com as escápulas.
- Não coloque tensão no pescoço puxando-o para a frente.
- Não deixe que o tronco ou a pelve se movam em direção à cabeça conforme você eleva a cabeça.
- Mantenha a perna alinhada com os quadris ao estendê-la e dobrá-la.
- Permaneça com os cotovelos afastados e estáveis.
- Faça rotação a partir da cintura e evite o movimento de flexão lateral.

Erros comuns

- Perder a flexão torácica ao fazer rotação da coluna.
- Perder a posição de coluna neutra durante o exercício.

Foco muscular

Oblíquos. Quadrado do lombo. Abdominais inferiores. Flexores do quadril. Flexores profundos do pescoço.

Alongamento da coluna para a frente (*Spine stretch forward*)

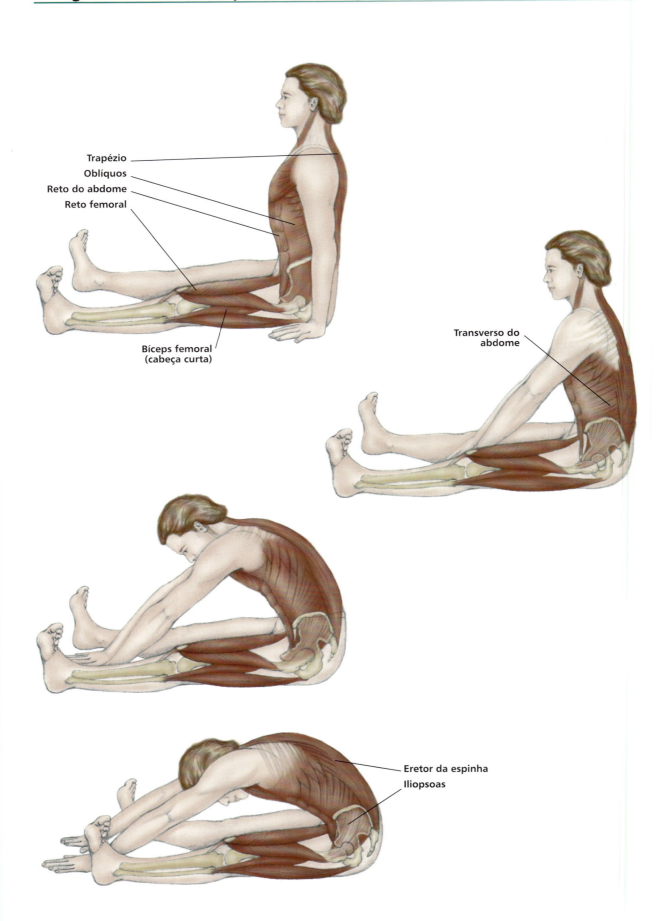

Objetivos do exercício

Mobilizar a coluna e alongar os músculos extensores das costas.

Descrição do exercício

- Sentado sobre os ísquios com as pernas paralelas afastadas na largura dos quadris, flexione os tornozelos e puxe os dedos dos pés para cima e para trás.
- Estenda os braços à frente na direção dos ombros, com as palmas das mãos para baixo (você pode também repousá-las no solo). Então, comece a flexionar a coluna mantendo os ísquios no chão.

Dicas para o exercício

Sente-se ereto sobre os ísquios e puxe os músculos abdominais inferiores para dentro conforme se curva para a frente. Faça uma curva em C com a coluna, primeiro com a parte lombar, então com a torácica e depois com a cervical.

Padrão respiratório

Expire ao flexionar, concentrando-se ao fim da respiração no ponto de maior alongamento.

Cuidados essenciais

- Não curve os ombros nem deixe que se elevem conforme você flexiona a coluna para a frente.
- Mantenha os músculos abdominais inferiores contraídos durante todo o movimento.
- Expire todo o ar dos pulmões enquanto flexiona a coluna para a frente alongando as costas.

Erros comuns

- Cair bruscamente para a frente durante o alongamento.
- Perder a contração abdominal durante o alongamento.
- Forçar o movimento.

Foco muscular

Abdominais inferiores. Isquiotibiais. Extensores das costas. Psoas. Flexores do quadril.

Balanço com as pernas afastadas (*Open leg rocker*)

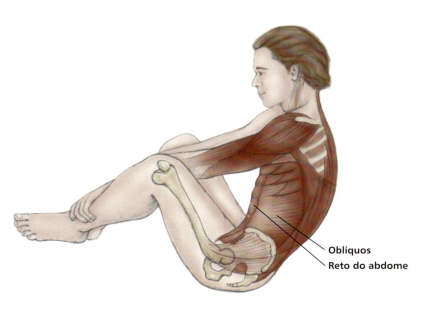
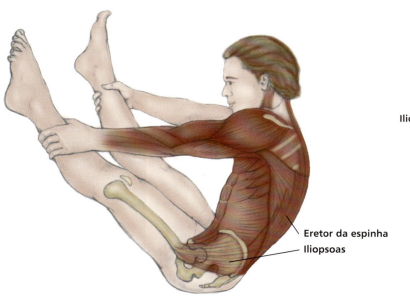
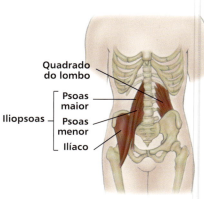

Vista anterior.

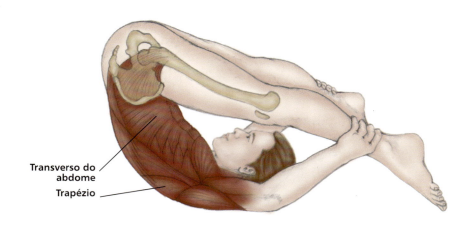

Objetivos do exercício

Aprimorar a mobilidade da coluna. Aumentar o equilíbrio. Melhorar a estabilidade do tronco. Alongar os isquiotibiais e a coluna.

Descrição do exercício

- Sente-se em posição de V, com as pernas elevadas e os joelhos dobrados, equilibrando-se em seus ísquios (regiões ósseas localizadas profundamente nos glúteos). As costas precisam estar em uma posição ereta.
- Segure os tornozelos com as mãos, mantendo as pernas afastadas na largura dos ombros.
- Curve a coluna, iniciando o movimento a partir da região lombar, e role para trás sobre os ombros enquanto estica as pernas.
- Role de volta, primeiro mantendo a coluna arredondada e depois alongando-a conforme retorna à posição inicial.
- Equilibre-se por um instante antes de repetir o exercício.

Dica para o exercício

Role como uma bola.

Padrão respiratório

Inspire conforme rola para trás. Expire na posição de equilíbrio.

Cuidados essenciais

- Mantenha os ombros baixos durante o exercício através da ação dos estabilizadores, e os cotovelos relaxados.
- Mantenha a contração dos abdominais profundos ao longo de todo o movimento.
- Mantenha as costas retas na posição inicial.

Erros comuns

- Rolar muito para trás e acabar sobrecarregando o pescoço.
- Deixar as pernas cederem sobre você ao rolar para trás.

Foco muscular

Abdominais. Extensores das costas. Iliopsoas.

Círculos com as duas pernas/saca-rolhas (*Double leg circles/ cork screw*)

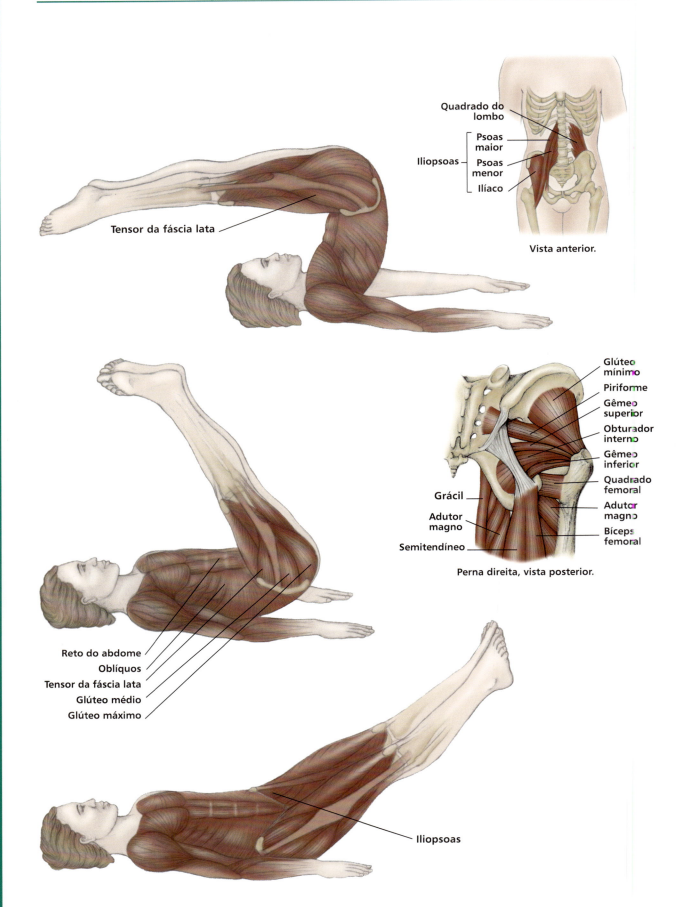

Objetivos do exercício

Fortalecer os abdominais. Desafiar a estabilidade do tronco. Alongar a coluna.

Descrição do exercício

- Apoie toda a coluna no solo, desde o pescoço até a região lombar. Os braços devem estar ao longo do corpo, palmas das mãos para baixo pressionando o solo para proporcionar estabilidade. Conecte as escápulas, posicionando-as para trás e para baixo. Mantenha o tronco firme.
- Eleve as pernas em direção ao teto, alongando-as para longe dos quadris e mantendo os joelhos e tornozelos juntos.
- Faça um círculo com as pernas, conduzindo o movimento com os dedos dos pés, permitindo que os quadris saiam levemente do solo. Mantenha os joelhos e tornozelos juntos o tempo todo.
- Complete o círculo retornando à posição inicial com os pés elevados em direção ao teto.

Dicas para o exercício

Não deixe que sua pelve saia do eixo durante o exercício. Foque no movimento na região da cintura. Se necessário, dobre os joelhos para reduzir a tensão nos flexores do quadril e na parte inferior das costas.

Padrão respiratório

No movimento circular, inspire ao conduzir as pernas para baixo e expire ao levá-las para cima.

Cuidados essenciais

- Mantenha os braços pressionados contra o solo.
- Elevar os quadris do solo aumentará o desafio do exercício.
- Não descontraia o abdome ao longo de todo o exercício.
- Mantenha as coxas unidas.
- Cuidado para não perder o alinhamento das pernas durante o exercício.

Erros comuns

- Deixar que as costas ou o pescoço se arqueiem conforme o peso das pernas se acentua no movimento circular para baixo.
- Deixar o pescoço tenso.
- Curvar os ombros.
- Permitir que as pernas dobrem ou se separem durante o exercício.
- Fazer um círculo muito amplo com os pés, muito rapidamente e sem controle ou força abdominal suficiente.

Foco muscular

Iliopsoas. Reto do abdome. Oblíquos. Quadrado do lombo. Rotadores do quadril. Tensor da fáscia lata. Glúteos. Piriforme.

Serrote (*Saw*)

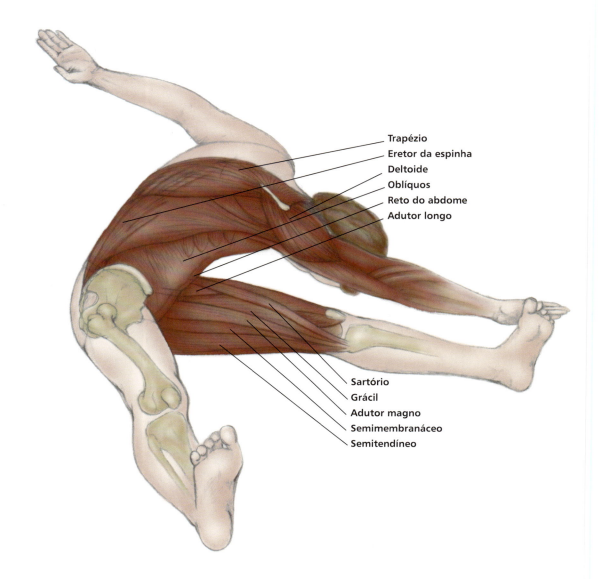

Trapézio
Eretor da espinha
Deltoide
Oblíquos
Reto do abdome
Adutor longo

Sartório
Grácil
Adutor magno
Semimembranáceo
Semitendíneo

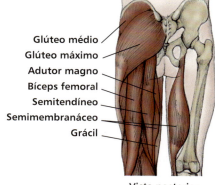

Glúteo médio
Glúteo máximo
Adutor magno
Bíceps femoral
Semitendíneo
Semimembranáceo
Grácil

Vista posterior.

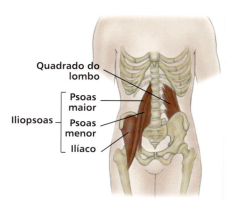

Quadrado do lombo
Iliopsoas — Psoas maior
Psoas menor
Ilíaco

Vista anterior.

Objetivos do exercício

Melhorar o alongamento dos isquiotibiais e dos adutores. Desenvolver a força dos extensores das costas. Melhorar o controle dos músculos oblíquos do abdome. Auxiliar no treino da rotação da coluna vertebral.

Descrição do exercício

- Sente-se sobre seus ísquios (regiões ósseas localizadas profundamente nos glúteos) com as pernas separadas em uma largura maior do que a dos ombros. Deixe as pernas alongadas e os pés flexionados. Abra os braços para os lados, assumindo uma posição de T.
- Faça rotação da coluna com o tronco para um dos lados, virando-se o máximo que puder; então incline-se para a frente e para baixo o máximo que puder, mantendo os ísquios equilibrados no solo. Com os braços estendidos e alinhados com os ombros, repouse na diagonal, em linha com a perna oposta ao braço estendido à frente.
- Repita o movimento com o outro lado.

Dicas para o exercício

Mantenha os extensores das costas ativos quando levar o corpo para a frente. Mantenha os pés flexionados, com os dedos para cima.

Padrão respiratório

Inspire ao sentar sobre seus ísquios, alongando ainda mais a sua coluna. Expire conforme você flexiona a coluna para a frente. Inspire no retorno à posição inicial.

Cuidados essenciais

- Mantenha o peso uniformemente distribuído entre seus ísquios.
- Mantenha as pernas alongadas, projetando-as para longe através de seus calcanhares.
- No retorno do movimento, imagine que há um mastro atrás de você, no qual você deve ir encostando sua coluna, crescendo sobre os seus quadris. Não arqueie a coluna.
- Mantenha os abdominais inferiores colados à sua coluna.
- Assegure-se de que a mão que é estendida à frente não desça abaixo do nível dos dedos do pé.

Erros comuns

- Curvar as costas ao sentar-se fora dos ísquios e perder a extensão da coluna.
- Manter a coluna como um bloco, no lugar de articulá-la.
- Esticar-se demais para atingir o pé ou girar o pé para dentro.
- Forçar o alongamento (é preciso manter o controle durante todo o movimento).

Foco muscular

Isquiotibiais. Adutores. Extensores das costas. Quadrado do lombo. Rotadores e flexores laterais da coluna (eretores da espinha).

Mergulho do cisne/extensão (*Swan dive*)

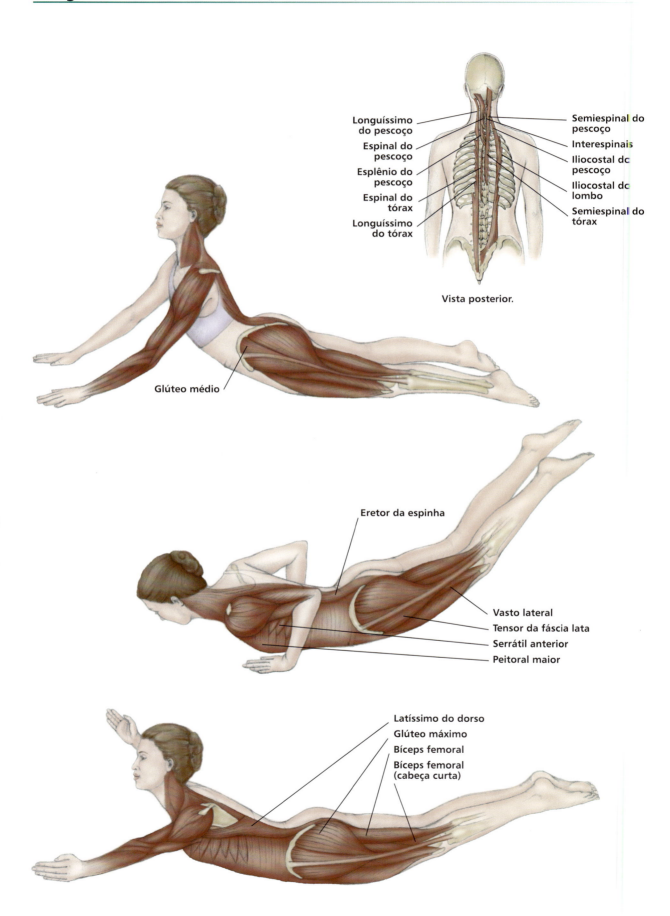

Vista posterior.

Objetivos do exercício

Fortalecer os extensores das costas, isquiotibiais e glúteos. Alongar os músculos do tórax, abdominais e flexores do quadril. Controlar a extensão da coluna.

Descrição do exercício

- Deite-se em decúbito ventral com as pernas estendidas e os dedos dos pés em suave extensão.
- Coloque as palmas das mãos abertas no solo, diretamente abaixo dos ombros.
- Alongue os pés ainda mais, empurrando-os para longe dos quadris através dos dedos dos pés, elevando-os um pouco do solo.
- Ao mesmo tempo, estenda os braços, elevando o tronco do chão.
- Dobre então os braços e deixe seu corpo balançar para a frente.
  Progressão
- Conforme balança para a frente, estenda os braços suavemente à sua frente e para os lados, com as palmas para cima.

Dicas para o exercício

Concentre-se em alongar o máximo que puder. Estenda ainda mais os seus braços à medida que melhorar seu alongamento. Imagine o esterno como a borda de uma roda enquanto você balança.

Padrão respiratório

Inspire ao subir. Expire ao descer.

Cuidados essenciais

- Contraia os glúteos firmemente.
- Não deixe sua caixa torácica e seu peito afundarem.
- Não deixe seus ombros arquearem.
- Mantenha o pescoço alongado (queixo elevado).
- Alcance com as suas pernas mais alto que a sua lombar.
- Não perca o controle no retorno do movimento.
- Mantenha a forma de arco da coluna durante todo o movimento.

Erro comun

- Não faça exercícios bruscos (é preciso manter movimentos suaves durante todo o exercício).

Foco muscular

Glúteos. Extensores das costas. Isquiotibiais. Peitorais. Abdominais. Flexores do quadril.

Chute com uma perna (*Single leg kick*)

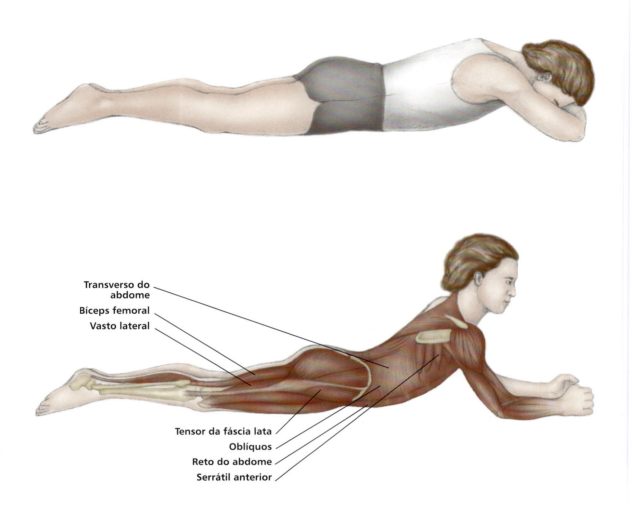
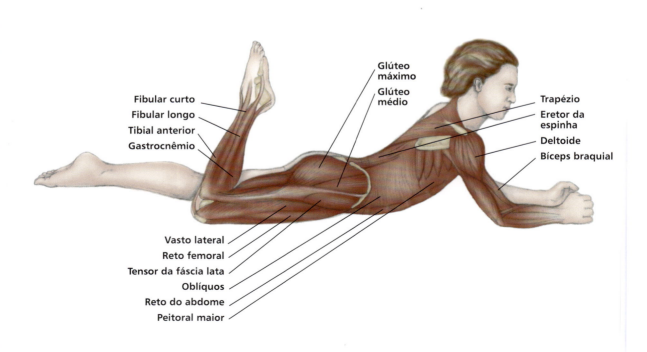

Objetivos do exercício

Estabelecer o controle dos flexores do joelho e dos extensores do quadril. Fortalecer os extensores das partes média e superior das costas. Este é um exercício dinâmico, que desafia a coordenação e o ritmo.

Descrição do exercício

- Deite-se em decúbito ventral, com as pernas paralelas e os dedos dos pés estendidos.
- Posicione os cotovelos diretamente abaixo dos ombros com as mãos alinhadas com os cotovelos. Cerre os punhos.
- Mantenha o alongamento axial ao longo da coluna estendida, sustentando o peso do corpo nos punhos cerrados, nos antebraços e na linha através de seus quadris. Mantenha o peito aberto.
- Enquanto sustenta a posição, flexione um dos joelhos chutando vigorosamente o calcanhar em direção aos glúteos, duas vezes.
- Estenda a perna flexionada e repita o movimento com a outra perna.
- Mantenha o controle através do tronco estendido.

Dicas para o exercício

Mantenha a sustentação dos abdominais profundos durante todo o exercício, o que ajudará na proteção da parte lombar da coluna. Mantenha seu foco para a frente e para trás do pescoço alongado. Mantenha estável esta posição de esfinge e os cotovelos pressionados no solo.

Padrão respiratório

Inspire ao realizar o exercício com a perna esquerda. Expire ao realizar o exercício com a perna direita.

Cuidados essenciais

- Evite qualquer movimento no tronco.
- Mantenha os braços ativos durante todo o exercício, apoiando os antebraços no solo com o objetivo de manter a parte superior do peito elevada.
- Contraia os glúteos para auxiliar no controle do movimento.
- Mantenha a cabeça elevada e a boca fechada.
- Dê chutes sempre vigorosos.
- Coordene de forma que as pernas passem uma pela outra enquanto são alternadas, mantendo sempre um pé na posição final do chute enquanto o outro é levantado.

Erros comuns

- Deixar o peito ceder; é necessário manter a linha do tórax aberta.
- Perder o alongamento do tronco, cedendo sobre as costas.
- Deixar que os pés toquem o solo.

Foco muscular

Extensores do quadril. Isquiotibiais. Peitorais. Glúteos. Extensores das costas. Quadríceps. Abdominais.

Chute com as duas pernas (*Double leg kick*)

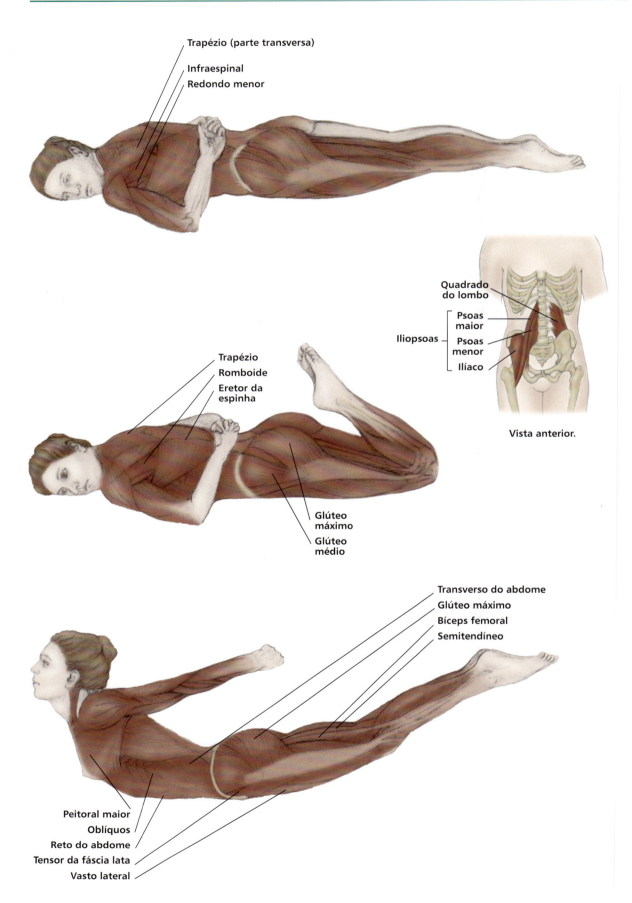

Vista anterior.

Objetivos do exercício

Fortalecer os extensores das costas. Melhorar o controle dos isquiotibiais. Abrir o peito, o que melhora o movimento da parte torácica da coluna vertebral.

Descrição do exercício

- Deite-se em decúbito ventral, com a cabeça virada para o lado, as pernas unidas e os pés em ponta.
- Segure as mãos atrás das costas entrelaçando os dedos e posicionando-as o mais alto possível na coluna.
- Mantenha os cotovelos abertos e tocando o solo.
- Flexione ambos os joelhos e chute em direção aos glúteos três vezes, com ambos os pés, mantendo os joelhos e os pés unidos. Os chutes devem ser rápidos e vigorosos.
- Após três chutes, alongue os braços com as mãos unidas para cima e para trás de você, estendendo as costas e simultaneamente elevando as pernas do solo.
- Mantenha esta posição e direcione a cabeça para cima, com o queixo em direção ao teto.
- Relaxe, e então retorne ao solo, virando a cabeça para o lado oposto.

Dicas para o exercício

Mantenha a pelve estável. Mantenha os abdominais profundos e o osso púbico pressionados no solo contraindo os músculos glúteos durante todo o exercício.

Padrão respiratório

Expire e chute três vezes. Inspire conforme alonga. Expire e retorne à posição inicial.

Cuidados essenciais

- Mantenha os abdominais bem contraídos para evitar que a coluna ceda durante os chutes.
- Tente manter os cotovelos o mais baixo possível enquanto chuta.
- Mantenha uma boa contração abdominal e glútea enquanto eleva as pernas.
- Durante a extensão, enfatize o alongamento axial da coluna e não a altura obtida.
- Mantenha o peito, os ombros e os cotovelos abertos.

Erros comuns

- Chutes fracos com o joelho (precisam ser fortes). Tente tocar os calcanhares nos glúteos.
- Comprimir as escápulas e levar os ombros para baixo.
- Perder o alongamento do pescoço.
- Deixar o corpo ceder ao retornar ao solo – mantenha o controle.

Foco muscular

Extensores lombares. Glúteos. Isquiotibiais. Romboides. Trapézio (parte transversa). Abdominais. Flexores do quadril. Peitorais. Infraespinal. Redondo menor.

Abdominal com flexão do pescoço (*Neck pull*)

Tensor da fáscia lata

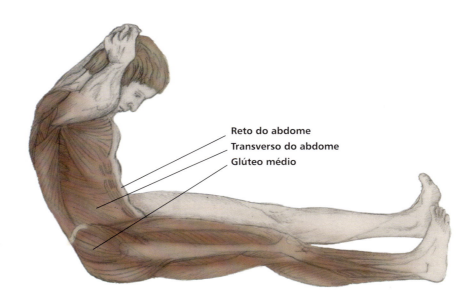
Reto do abdome
Transverso do abdome
Glúteo médio

Oblíquo
Transverso do abdome
Vasto lateral
Bíceps femoral
Glúteo máximo

Objetivos do exercício

Alongar a coluna. Fortalecer os flexores do tronco, os flexores do quadril e os abdominais. Treinar a articulação da coluna. Melhorar o alongamento dos isquiotibiais.

Descrição do exercício

- Deite-se em decúbito dorsal com a pelve neutra, pés na largura dos quadris, dedos entrelaçados com as mãos atrás da cabeça e cotovelos afastados.
- Incline a nuca para a frente elevando a cabeça e, lentamente, role a coluna para fora do solo.
- Vá se curvando conforme a coluna se articula deixando o solo.
- Role para cima até que os ombros estejam diretamente acima dos quadris.
- Posicione as mãos ao lado do corpo.
- Inicie um rolamento suave para trás com a coluna, de volta ao solo, até deitar-se novamente.

Dicas para o exercício

Contraia os abdominais antes de começar a elevar a cabeça. Mantenha os cotovelos abertos. Pressione os calcanhares no solo para ativar os isquiotibiais. Utilize a ativação abdominal profunda ("imprint") para incrementar a ação dos extensores do quadril.

Padrão respiratório

Inspire conforme começa a erguer-se do solo e então expire para manter-se na posição elevada da maneira mais estável possível. Inspire enquanto senta e expire ao retornar à posição inicial.

Cuidados essenciais

- Não deixe que seus ombros se arqueiem.
- Mantenha os cotovelos alinhados com as orelhas e com as costas durante o exercício.
- Mantenha uma contração abdominal profunda durante todo o exercício.
- Faça os movimentos de elevação e descida de modo leve e gradual.
- Sente-se ereto e note a elevação vertical na área central do tronco.
- Apoie suas costelas no chão antes de rolar os ombros para cima, afastando-os do solo.

Erros comuns

- Esforço excessivo no movimento.
- Elevar o corpo de forma brusca; é preciso manter o movimento suave.
- Forçar o pescoço e permitir que os cotovelos percam o alinhamento com as orelhas.
- Deitar-se com a coluna rígida, em vez de articulá-la de forma segmentar.

Foco muscular

Abdominais. Flexores do quadril. Isquiotibiais. Glúteos.

Tesoura (Scissors)

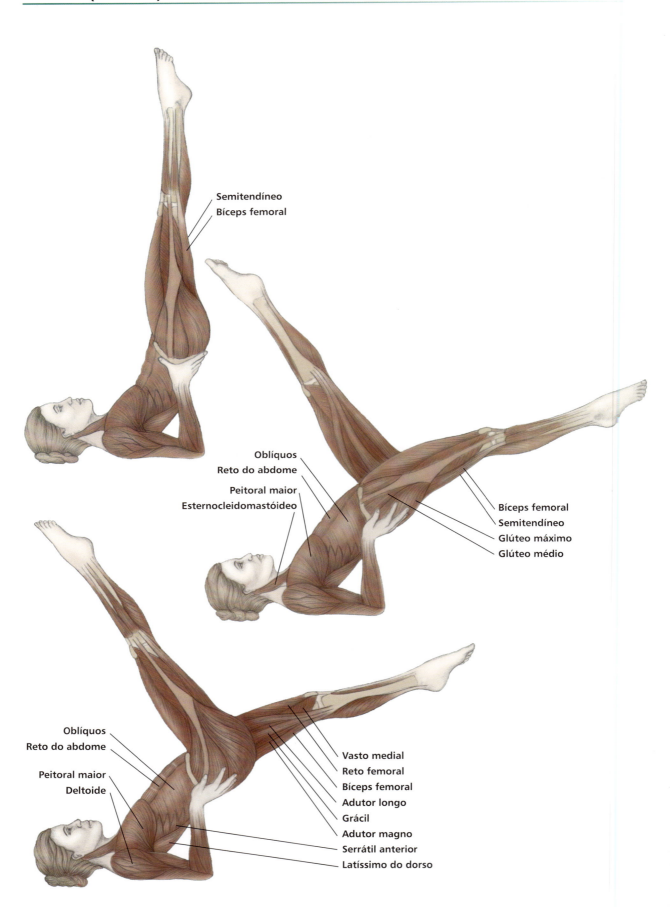

Objetivos do exercício

Melhorar o controle abdominal. Desenvolver o controle e a flexibilidade dos extensores e flexores do quadril. Melhorar a estabilização do ombro e do tronco.

Descrição do exercício

- Deite-se em decúbito dorsal com as pernas estendidas e unidas.
- Alongue o pescoço e pressione a base do crânio no solo.
- Eleve as pernas a um ângulo de 90 graus com seu tronco e, ao mesmo tempo, erga os quadris do solo, alongando os dedos dos pés em direção ao teto.
- Coloque as mãos nas costas acima dos quadris, com os cotovelos no solo diretamente abaixo das suas mãos. Quanto mais alto você elevar seu corpo, mais suporte com as mãos nas costas será necessário.
- Conservando um bom controle do tronco, alongue os dedos dos pés em direção ao teto, mantendo o alongamento para cima, e então leve uma das pernas para a frente, conduzindo-a além do alinhamento dos glúteos; mantenha a perna estendida.
- Deixe a outra perna se mover levemente em direção à cabeça, para manter seu equilíbrio.
- Reverta a ação de tesoura.

Dica para o exercício

Deixe a pelve pesar sobre suas mãos.

Padrão respiratório

Inspire, leve uma perna para trás, e alterne com uma expiração ao inverter a posição das pernas.

Cuidados essenciais

- A força necessária para a execução deste exercício provém dos ombros e da parte superior dos braços para a manutenção do controle do centro de força. O uso excessivo dos antebraços e das mãos irá comprometer a fluidez do movimento.
- Mantenha a contração abdominal profunda.
- Mantenha o controle sobre os quadris, que devem fazer o mínimo de movimento possível durante o exercício.
- Concentre-se em alongar as pernas, estendendo-as além do alinhamento dos glúteos.
- Equilibre a distância em que você move suas pernas; procure mantê-la constante.
- Mantenha os cotovelos paralelos.

Erros comuns

- Usar a base do crânio como ponto de controle de equilíbrio. O equilíbrio deve ser controlado através dos músculos abdominais e glúteos.
- Dobrar os joelhos.
- Usar os braços como o principal suporte; o controle vem do alongamento ou da ação dos abdominais.
- Deixar que o queixo caia sobre o peito, o que limitará sua habilidade de respirar.

Foco muscular

Parte superior das costas. Extensores do quadril. Flexores do quadril.

Bicicleta (*Bicycle*)

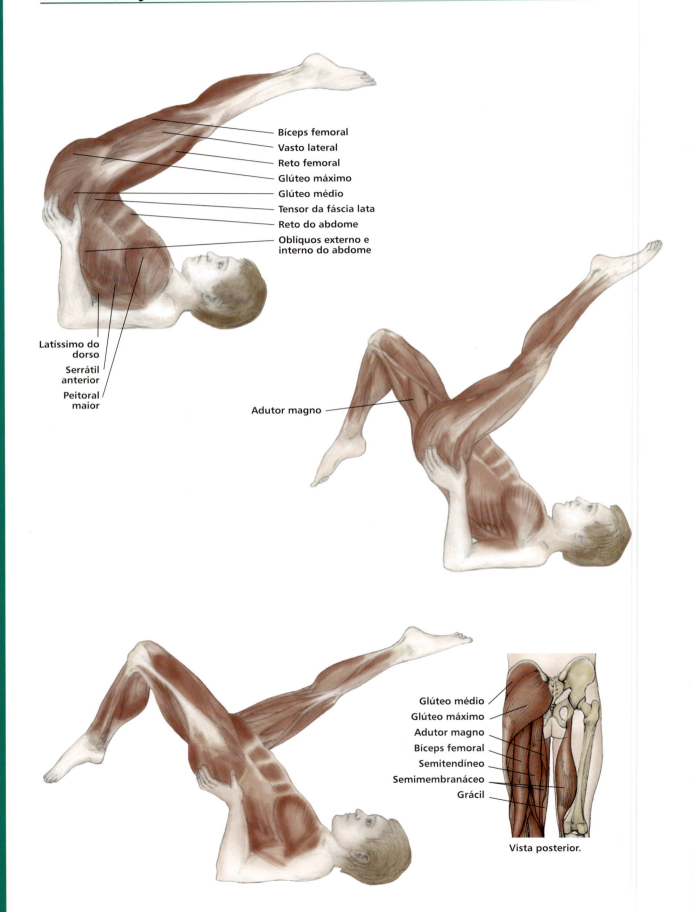

Vista posterior.

Objetivos do exercício

Aprimorar o controle dos flexores do quadril. Melhorar a flexibilidade dos quadris.

Descrição do exercício

- Deite-se em decúbito dorsal com as pernas estendidas e unidas.
- Alongue bem o pescoço e pressione a base do crânio no solo.
- Eleve as pernas de modo que fiquem em um ângulo de 90 graus com seu corpo e, ao mesmo tempo, suspenda a pelve, retirando-a do solo e estendendo os dedos dos pés em direção ao teto.
- Coloque as mãos nas costas, acima dos quadris, e os cotovelos no solo diretamente abaixo das mãos. Quanto mais alto você elevar o corpo, mais suporte com as mãos será necessário.
- Alongue os dedos dos pés em direção ao teto.
- Mantenha uma das pernas estendidas e flexione a outra, levando os dedos do pé além dos glúteos.
- Execute o movimento da perna perfazendo um arco; imagine que, ao ser estendida para trás, a perna deva alcançar a parede; e que, ao retornar à frente, deva tocar o solo; após essa sequência, estenda a perna para cima, apontando o pé em direção ao teto.
- Mantenha a perna estendida para cima com o auxílio da perna oposta parada (atuando como um contrapeso) e pequenos movimentos em direção à cabeça.
- Retorne a perna à posição inicial e repita o movimento com a outra perna.

Dicas para o exercício

Controle o tronco com um movimento coordenado; leve um pé para cima, em direção ao teto, enquanto conduz o outro em direção ao chão.

Padrão respiratório

Inspire ao levar o pé em direção ao chão. Expire ao alternar as pernas.

Cuidados essenciais

- É importante manter o controle do tronco; assegure-se de que suas mãos e braços limitarão o movimento apropriadamente.
- Leve o pé para trás, além dos glúteos, em direção à parede, e então em direção ao chão, em uma ação coordenada.
- Coordene o movimento de forma que ambos os pés se movam suavemente ao mesmo tempo.
- Mantenha a coluna reta.

Erros comuns

- Deixar que os joelhos caiam em direção à cabeça; mantenha as pernas no alto.
- Deixar que a pelve caia bruscamente nas suas mãos.

Foco muscular

Extensores do quadril. Músculos da parte superior do tronco.

Ponte sobre os ombros (Shoulder bridge)

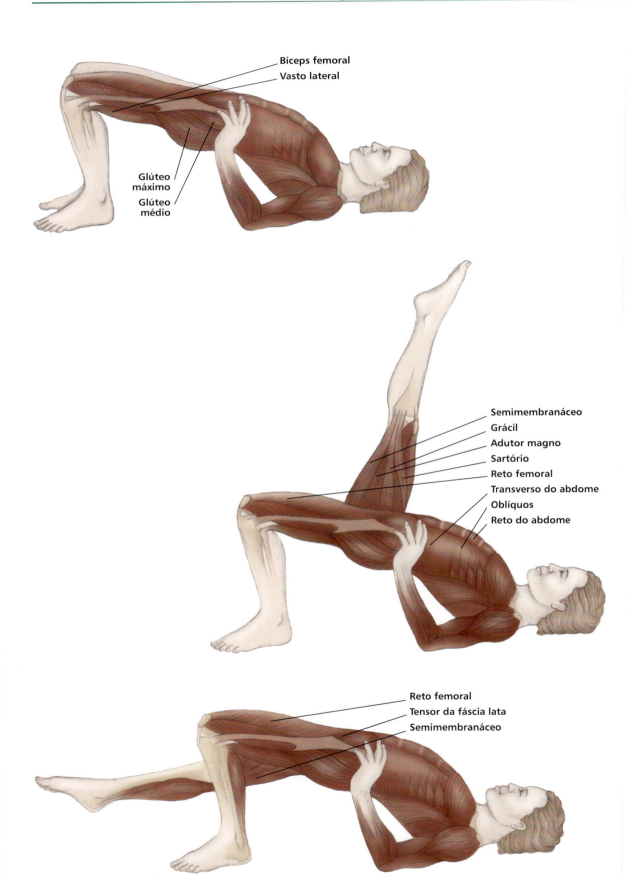

Objetivos do exercício

Fortalecer os extensores do quadril. Manter a extensão do tronco. Alongar os isquiotibiais. Melhorar a estabilização dos ombros. Aperfeiçoar o equilíbrio sobre uma única perna.

Descrição do exercício

- Deite-se em uma posição de decúbito dorsal neutra, eleve a pelve do solo e coloque as mãos abaixo dela para dar sustentação.
- Enquanto mantém uma posição alta da pelve, erga suavemente uma perna e aponte os dedos do pé para o teto; alongue a perna para longe do quadril.
- Chute a perna estendida para cima, levando-a o mais alto que puder e até quando lhe for confortável.
- No ápice da sua amplitude, flexione o pé, e então abaixe lentamente a perna, projetando o calcanhar para a frente, sem deixar que toque o chão.
- Alongue suavemente os dedos do pé e repita o chute três vezes; repita então com a outra perna.

Dicas para o exercício

Mantenha os ombros relaxados. Alongue a perna mantendo-a estendida durante o movimento para cima e para baixo.

Padrão respiratório

Inspire ao chutar as pernas para cima. Expire ao abaixá-las.

Cuidados essenciais

- Mantenha a pelve alta, fora do chão.
- Mantenha os músculos glúteos firmemente contraídos.
- Alongue a perna para longe dos quadris.
- Mantenha o controle da elevação do quadril e evite que ocorra movimento na articulação lombossacral. Preserve a conexão do ombro com a pelve e o tronco (os ombros devem permanecer abaixados).
- O pé deve ficar alinhado ao joelho.
- Conforme a perna abaixar, não permita que ela rode para fora.

Erros comuns

- Movimentar a pelve.
- Falhar no controle da posição de ponte.
- Girar o tronco. É preciso manter o tronco e a pelve alinhados.
- Perder o controle do suporte proporcionado pelos braços. Os punhos precisam estar alinhados com os cotovelos.
- Deixar de contrair os glúteos durante o exercício.

Foco muscular

Flexores do quadril. Isquiotibiais. Glúteos. Abdominais. Extensores do quadril. Adutores.

Rotação da coluna (*Spine twist*)

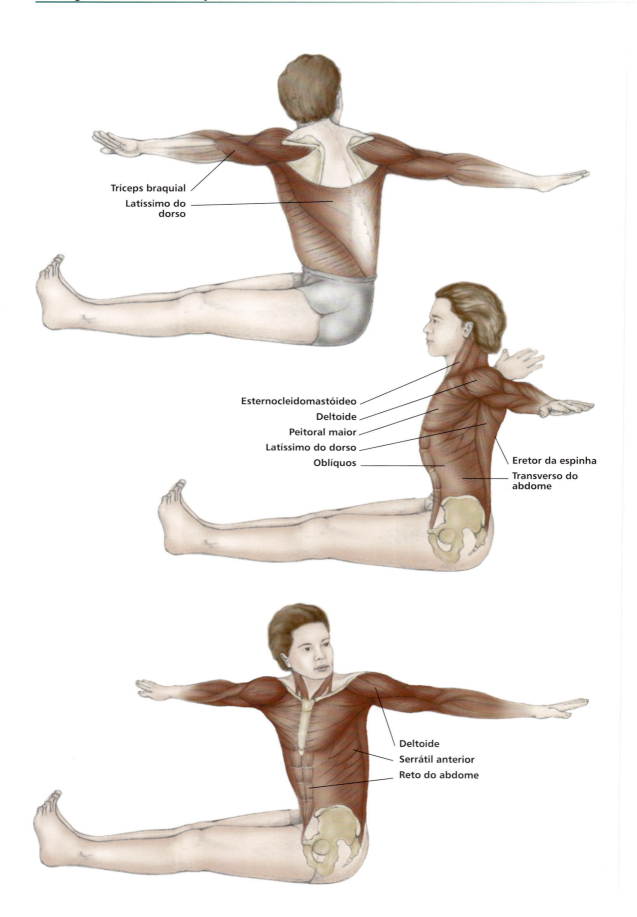

Objetivos do exercício

Fortalecer os oblíquos, abdominais e extensores das costas. Melhorar a mobilidade da coluna vertebral. Aprimorar o controle da coluna na posição sentada.

Descrição do exercício

- Sente-se ereto com as pernas unidas e paralelas e os pés flexionados.
- Abra os braços e deixe as palmas viradas para baixo.
- Alongue a coluna; sente-se ereto e apoie-se nos seus quadris.
- Comece a torção pela cabeça, para então seguir com a rotação da coluna.
- No final da amplitude, segure a posição por um instante e então desfaça a rotação retornando a posição inicial.
- Repita na direção oposta.

Dicas para o exercício

Projete os calcanhares para longe e sinta o alongamento. Ao girar, imagine que sua coluna desliza para cima como um mastro.

Padrão respiratório

Inspire na posição neutra. Expire forçadamente ao realizar o movimento de torção.

Cuidados essenciais

- Mantenha a contração dos abdominais profundos durante todo o exercício.
- Leve os braços junto com a coluna; não conduza o movimento com os braços.
- Assegure-se de que a pelve permaneça imóvel e alinhada com os pés; as pernas também devem ficar imóveis. Use os adutores do quadril.
- Mantenha a coluna em uma posição alongada durante todo o exercício.

Erros comuns

- Deixar que os ombros se elevem quando se sentar apoiado nos quadris.
- Permitir que a cabeça se incline em vez de girar.
- Permitir que os braços se movam além da linha do peito, seja torcendo para trás ou conduzindo o movimento.
- Deixar que a pelve se mova.
- Contrair os isquiotibiais e relaxar os flexores do quadril.

Foco muscular

Abdominais. Oblíquos. Extensores das costas.

Canivete (Jack knife)

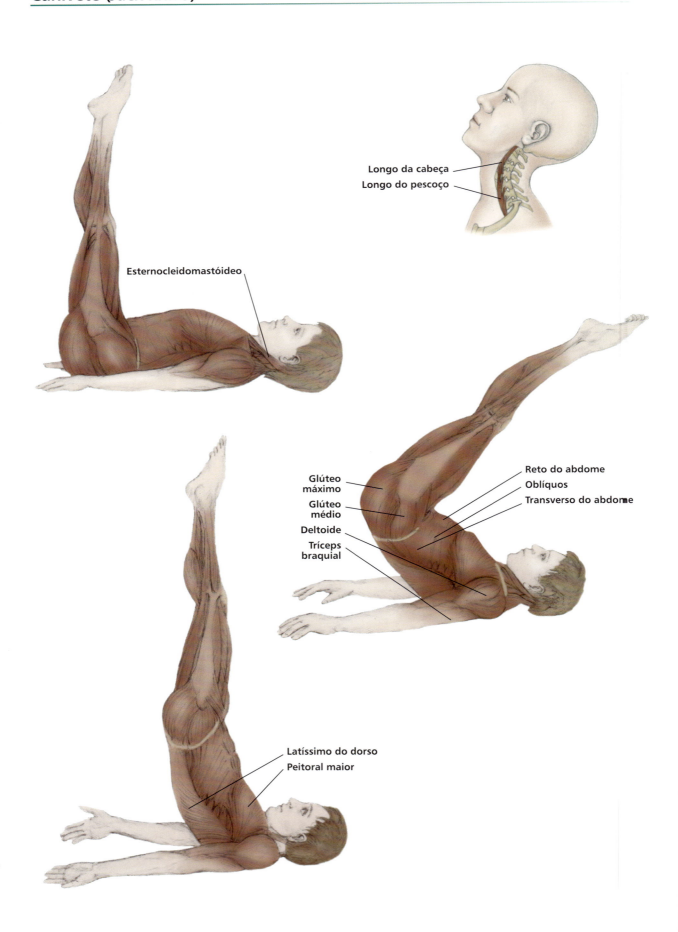

Objetivos do exercício

Melhorar a força e o controle abdominal. Fortalecer os extensores do quadril. Desenvolver uma boa mobilidade da coluna. Alongar a coluna.

Descrição do exercício

- Deite-se em decúbito dorsal com os braços ao longo do corpo e as palmas das mãos para baixo pressionando o solo; então levante ambas as pernas estendidas até que fiquem acima da pelve, que se mantém fixa no chão.
- Com as pernas totalmente estendidas e os dedos dos pés levemente apontados para o teto, eleve a pelve do chão deixando suas pernas descerem em direção à cabeça. Mantenha o movimento controlado.
- Continue conduzindo o corpo para trás com as pernas até que elas criem um ângulo de 45 graus com o chão.
- Mantendo as costas fora do chão, conduza as pernas para cima em direção ao teto.
- A partir desta posição elevada, role gradualmente as costas para baixo em direção ao solo, de maneira controlada. Suas pernas devem fazer suavemente o movimento de canivete conforme descem em direção ao solo, até atingir os 45 graus de inclinação acima de sua cabeça enquanto retornam para o solo.

Dicas para o exercício

Concentre-se na elevação e no alongamento das pernas para longe da pelve, a fim de manter o controle da coluna. Na posição de canivete, mantenha os quadris abertos para ajudar a ativar o controle dos extensores do quadril. Use o padrão respiratório para ajudar a controlar o fluxo do movimento.

Padrão respiratório

Inspire ao subir. Expire ao descer.

Cuidados essenciais

- Durante o movimento, mantenha a descarga de peso sobre as suas escápulas, e não além delas.
- Realize o canivete o mais suavemente possível e evite movimentos bruscos.

Erros comuns

- Não manter um movimento suave ao longo de todo o exercício.
- Levar as pernas muito longe e aumentar a pressão no pescoço. (Mantenha o peso somente até o nível da escápula.)
- Não manter os ombros pressionados no solo. (Eles devem estar afastados das orelhas.)

Foco muscular

Abdominais. Glúteos. Extensores da parte cervical da coluna vertebral. Extensores dos ombros.

Elevação com chute lateral (*Side kick lift*)

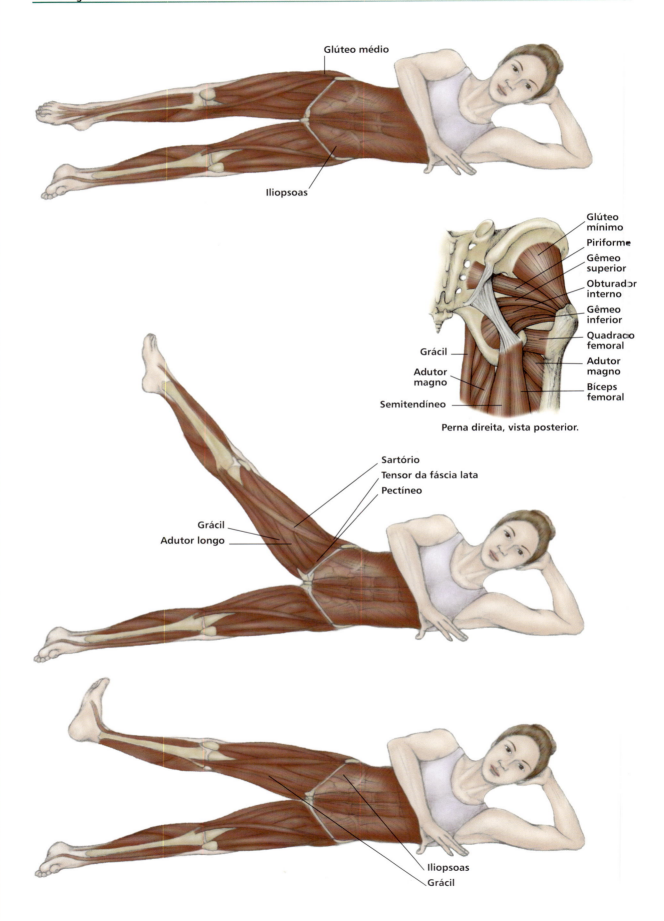

Perna direita, vista posterior.

Objetivos do exercício

Fortalecer os flexores laterais. Melhorar o controle dos adutores do quadril.

Descrição do exercício

- Deite-se em decúbito lateral em linha reta, ombro acima de ombro, quadril acima de quadril e tornozelos unidos.
- Traga ambas as pernas para a frente, até 45 graus em relação à linha corporal.
- Apoie a cabeça sobre a mão, deixando o braço com o cotovelo alinhado ao ombro.
- Coloque a outra mão à frente, no solo, deixando o cotovelo apontado em direção ao teto.
- Eleve a perna de cima a um ponto nivelado com a pelve; a pelve e a coluna permanecem estáveis.
- Movimente a perna de cima para a frente e para trás, flexionando o quadril. No fim do movimento para a frente, puxe o pé para cima e faça um movimento para trás com o calcanhar.
- Repita com o lado oposto.

Dica para o exercício

Alongue pelo calcanhar.

Padrão respiratório

Inspire ao chutar para a frente. Expire ao chutar para trás.

Cuidados essenciais

- Mantenha as pernas paralelas.
- Controle a amplitude do movimento com o controle do equilíbrio.
- A perna deve se mover isoladamente.

Erros comuns

- Deixar que as pernas caiam.
- Permitir que o corpo se mova; é preciso manter a coluna estável.

Foco muscular

Abdutores do quadril. Adutores do quadril. Glúteos.

Círculos com a perna em decúbito lateral (*Side-lying leg circles*)

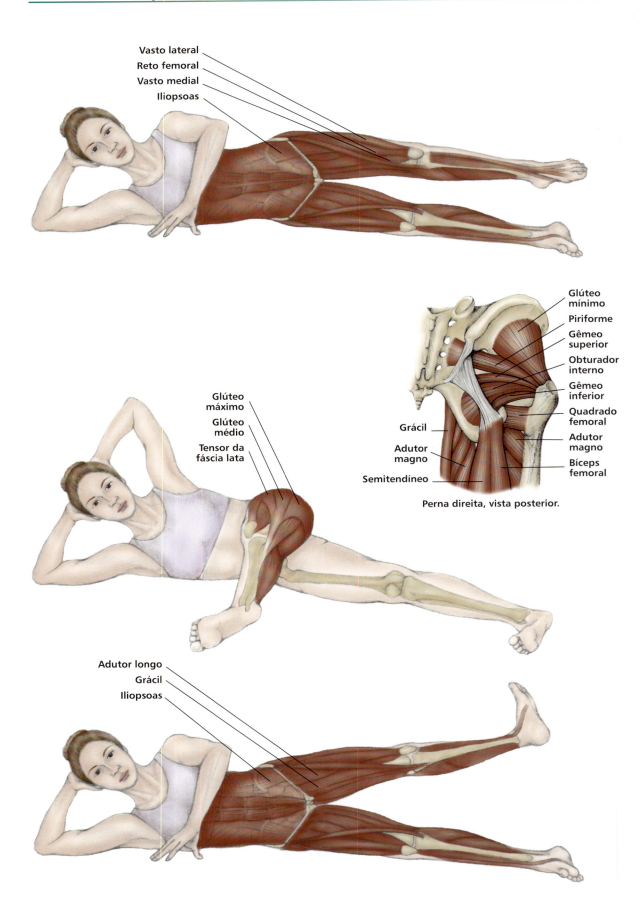

Perna direita, vista posterior.

Objetivos do exercício

Fortalecer os flexores laterais. Melhorar o controle dos adutores do quadril.

Descrição do exercício

- Deite-se em decúbito lateral em linha reta, ombro acima de ombro, quadril acima de quadril e tornozelos unidos.
- Traga ambas as pernas para a frente, até 45 graus em relação à linha corporal.
- Apoie a cabeça sobre a mão, deixando o braço com o cotovelo alinhado ao ombro.
- Posicione a mão de cima atrás da cabeça, com o cotovelo apontado em direção ao teto.
- Eleve a perna de cima até um ponto nivelado com a pelve; a pelve e a coluna permanecem estáveis.
- Alongue a perna e faça círculos de modo controlado.
- Flexione o quadril e faça um movimento para trás com o calcanhar.
- Repita com o lado oposto.

Dicas para o exercício

Alongue pelo calcanhar. Controle a estabilidade do tronco de acordo com o tamanho do círculo (comece pequeno e vá aumentando).

Padrão respiratório

Inspire ao fazer o movimento circular para cima. Expire ao fazer o movimento circular para baixo.

Cuidados essenciais

- Mantenha as pernas paralelas.
- Controle a amplitude de movimento com o controle do equilíbrio.
- Mova a perna isoladamente.

Erros comuns

- Deixar que a perna caia.
- Permitir que o corpo se mova; é preciso manter a coluna estável.

Foco muscular

Abdutores do quadril. Adutores do quadril. Glúteos.

Torpedo (*Torpedo*)

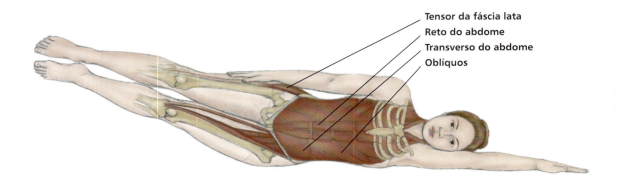

Tensor da fáscia lata
Reto do abdome
Transverso do abdome
Oblíquos

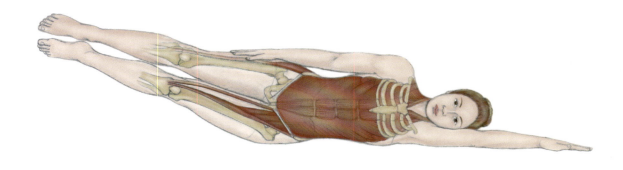

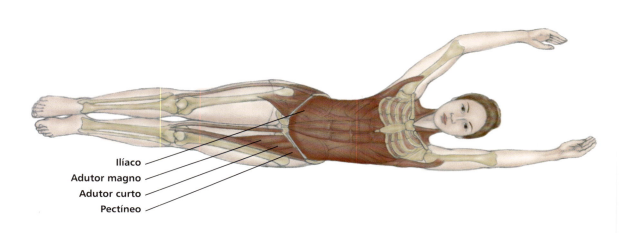

Ilíaco
Adutor magno
Adutor curto
Pectíneo

Objetivos do exercício

Melhorar o controle e o equilíbrio do tronco.

Descrição do exercício

- Deite-se em decúbito lateral com o braço de baixo estendido e alinhado com o corpo e a cabeça descansando sobre ele.
- O braço de cima deve ficar relaxado sobre o corpo.
- Contraia os abdominais profundos, eleve a perna de cima mantendo-a estendida, segure a posição e então eleve a perna de baixo trazendo-a para junto da outra. Nesta posição, pressione uma perna contra a outra.
- Ainda mantendo a posição das pernas, conduza o braço de cima estendido sobre a cabeça. Mantenha esta posição.
- Retorne o braço de cima para o lado do corpo, e então abaixe ambas as pernas de volta ao solo.

Dica para o exercício

Use o controle do tronco para manter o corpo alongado e as pernas suspensas.

Padrão respiratório

Expire durante a fase de elevação da perna e do braço. Inspire ao retornar à posição inicial.

Cuidados essenciais

- Evite aplicar pressão excessiva nos braços.
- Controle o equilíbrio com o tronco.

Erros comuns

- Perder uma contração de boa qualidade nos músculos abdominais.
- Mover as pernas para trás e para a frente enquanto estiver na posição de equilíbrio.

Foco muscular

Abdominais. Adutores. Abdutores.

Abdominal em V (*Teaser*)

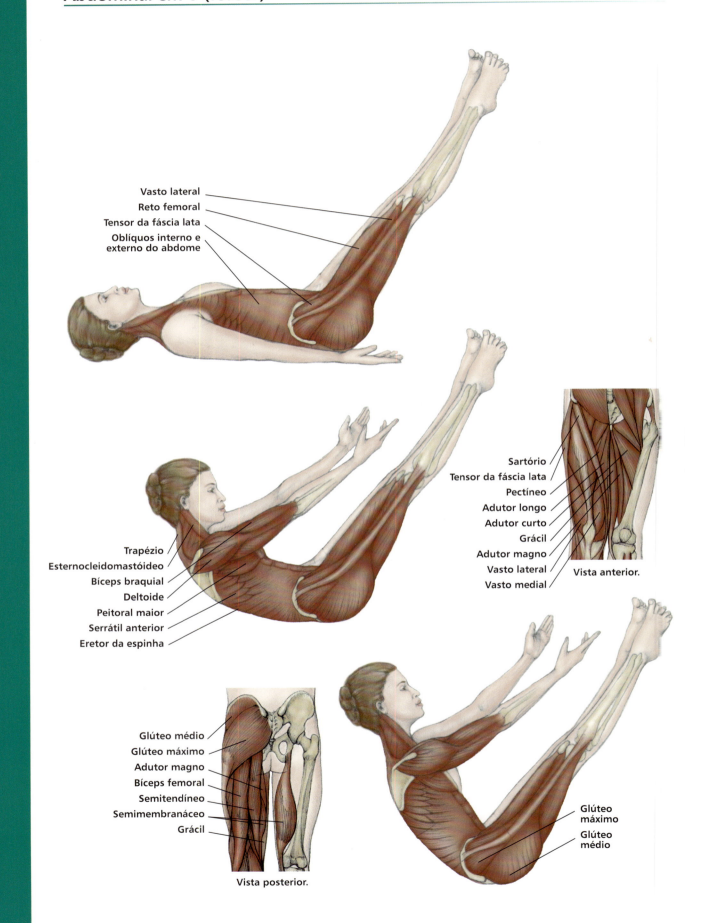

Objetivos do exercício

Fortalecer os flexores do corpo (abdominais, flexores do quadril e flexores do pescoço). Melhorar o controle dos flexores do quadril. Desenvolver o equilíbrio estático.

Descrição do exercício

- Deite-se em decúbito dorsal com as pernas elevadas e estendidas e os calcanhares pressionados um contra o outro. Deixe os braços ao lado do corpo com as palmas viradas para cima.
- De forma controlada, flexione o tronco elevando-o até alcançar uma posição reta da coluna, conectando os ombros ao tronco e usando os abdominais profundos.
- Eleve o peito e os braços paralelos aos ombros. Mantenha esta posição.
- Reverta o movimento para retornar à posição inicial.

Dicas para o exercício

Sequência correta do pescoço: imagine que está com uma bola embaixo do queixo e que precisa mantê-la na posição, mas sem pressioná-la. Isso ajudará na fase de flexionar o tronco para cima. A ativação efetiva da parte interna das coxas ajuda na estabilidade das pernas.

Padrão respiratório

Inspire na preparação. Eleve o tronco. Expire, eleve o peito e retorne.

Cuidados essenciais

- Mantenha os abdominais fortemente contraídos.
- Controle o movimento (evite movimentos bruscos).
- Mantenha as pernas estendidas, com os dedos dos pés alongados em direção ao teto.

Erros comuns

- Erguer os ombros.
- Deixar que os calcanhares se afastem.

Foco muscular

Quadríceps. Adutores. Glúteos. Isquiotibiais. Extensores das costas.

Círculos com o quadril (Hip circles)

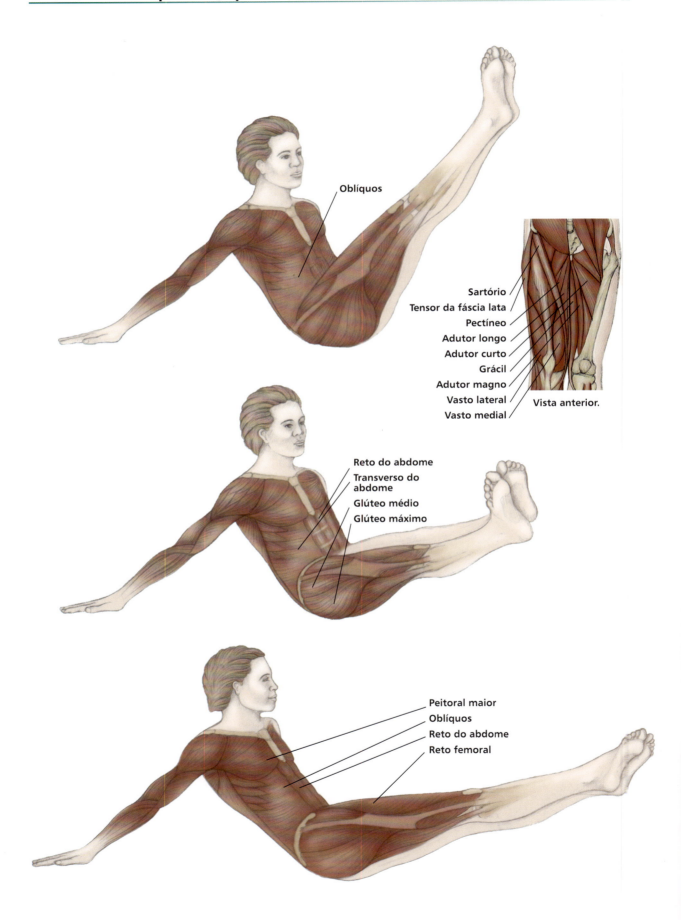

Objetivos do exercício

Fortalecer os abdominais. Melhorar a rotação do tronco.

Descrição do exercício

- Sente-se com os braços atrás de você e com as palmas das mãos apoiadas no solo.
- Incline-se para trás e descarregue o peso nas mãos, movendo-as para trás a fim de encontrar o ponto de equilíbrio.
- Eleve ambas as pernas; seu corpo deve estar a 45 graus do chão.
- Dobre os joelhos em direção ao peito.
- Estenda as pernas unidas e mantenha os joelhos altos, em direção à cabeça.
- Mantendo esta posição, faça um círculo, para baixo e para a direita, com os pés suavemente esticados.
- Conclua o movimento circular com as pernas, mantenha a posição no alto do círculo e inverta a direção.

Dicas para o exercício

Controle a coluna neutra. Não permita que as costas se estendam; controle o movimento.

Padrão respiratório

Inspire enquanto desce as pernas. Expire enquanto eleva as pernas.

Cuidados essenciais

- Mantenha as palmas das mãos bem apoiadas e a base da coluna firmemente estabilizada.
- Mantenha o tamanho do círculo dentro do seu controle, permitindo que a coluna fique reta durante todo o exercício.
- Conserve os braços estendidos.
- Conserve os pés unidos, com os joelhos estendidos.

Erros comuns

- Encolher os ombros e deixar que o peito se retraia.
- Fazer o movimento com os quadris. (Assegure o controle dos abdominais profundos.)

Foco muscular

Flexores do quadril. Abdominais. Músculos do peito.

Natação (*Swimming*)

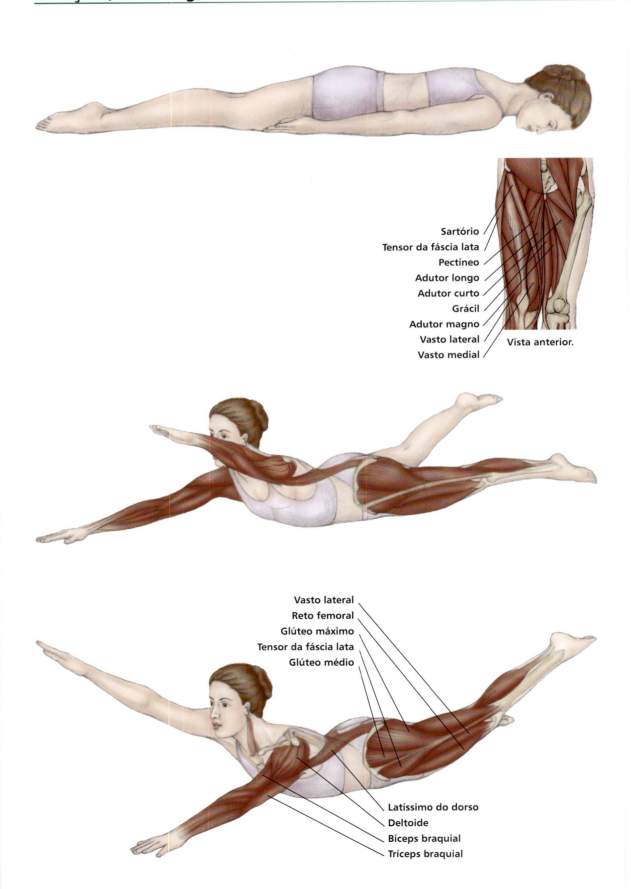

Objetivos do exercício

Fortalecer os extensores das costas. Melhorar a estabilidade do tronco. Melhorar a coordenação do movimento. Controlar os flexores do ombro e os extensores do quadril.

Descrição do exercício

- Deite-se em decúbito ventral com os braços alongados à sua frente, palmas das mãos para baixo, pernas um pouco mais afastadas que a largura dos quadris e pés virados para fora.
- Eleve peito, braços e pernas do solo, mantendo uma posição estendida/alongada.
- Com um movimento controlado, porém rápido (como se estivesse batendo na água, mas sem espirrar muita água), alterne a elevação dos braços e pernas em uma velocidade constante.

Dica para o exercício

Simule a ação de nadar sem espirrar muita água.

Padrão respiratório

Inspire enquanto conta até cinco. Expire enquanto conta até cinco.

Cuidados essenciais

- Mantenha o alongamento durante todo o movimento.
- Durante o exercício, faça os movimentos de pernas ou de braços até o nível das pernas ou braços opostos.
- Contraia os glúteos.
- Não deixe que os ombros se curvem durante o movimento dos braços. Leve seus ombros para baixo através das suas costas.
- Mantenha os abdominais profundos contraídos para controlar o movimento pelve-tronco.
- Não deixe que a parte inferior da coluna pareça travada.
- Respire profundamente.

Erros comuns

- Sobrecarregar a parte inferior das costas. (Assegure-se do controle dos abdominais profundos durante todo o exercício.)
- Perder o foco do alongamento, que deve ir das pontas dos dedos das mãos até os dedos dos pés.
- Permitir que o abdome ceda sobre o solo durante o exercício.

Foco muscular

Músculos da parte anterior do tórax. Flexores do quadril. Extensores da coluna.

Elevação da perna de frente (*Leg pull front*)

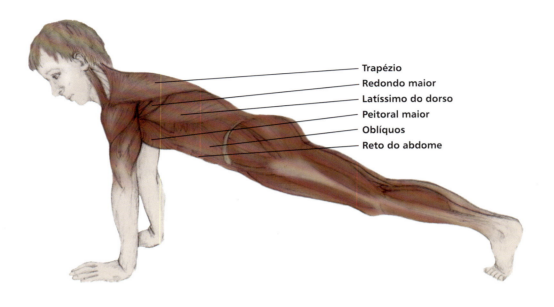

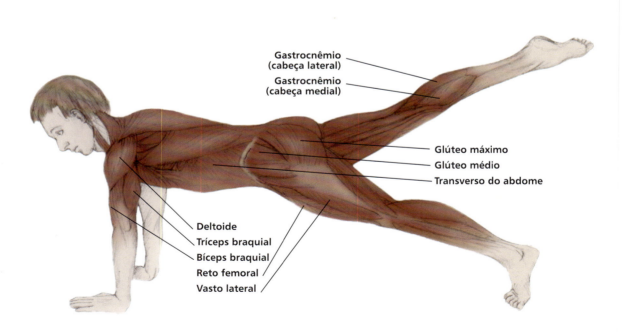

Objetivos do exercício

Melhorar a estabilização do tronco no cíngulo do membro superior. Fortalecer os membros superiores. Fortalecer os extensores do quadril e o cíngulo do membro superior.

Descrição do exercício

- Coloque-se na posição de prancha. Posicione os braços estendidos com os punhos abaixo dos ombros.
- As pernas devem estar estendidas, paralelas e aduzidas. Descarregue o peso nos dedos dos pés flexionados.
- Faça com que seu tronco fique alongado, fino e reto.
- Empurre para trás com os calcanhares e, ao mesmo tempo, eleve uma das pernas. Mantenha a perna estendida com os quadris nivelados.
- Abaixe a perna.
- Repita com o outro lado.

Dica para o exercício

Mantenha o centro do corpo forte e estável evitando movimentos no quadril.

Padrão respiratório

Inspire ao elevar a perna. Expire ao descer a perna.

Cuidados essenciais

- Contraia os abdominais profundos e os glúteos.
- Mantenha a cabeça, o pescoço, os quadris e as pernas alinhados durante todo o exercício.
- Mantenha a perna elevada estendida.
- Empurre fortemente com o calcanhar da perna do solo, para alcançar um bom alongamento.

Erros comuns

- Curvar os ombros.
- Dobrar o quadril para cima ou abaixar os quadris, deixando o corpo cair.

Foco muscular

Abdominais. Glúteos. Estabilizadores dos ombros. Quadríceps. Gastrocnêmio.

Elevação da perna de costas (*Leg pull back*)

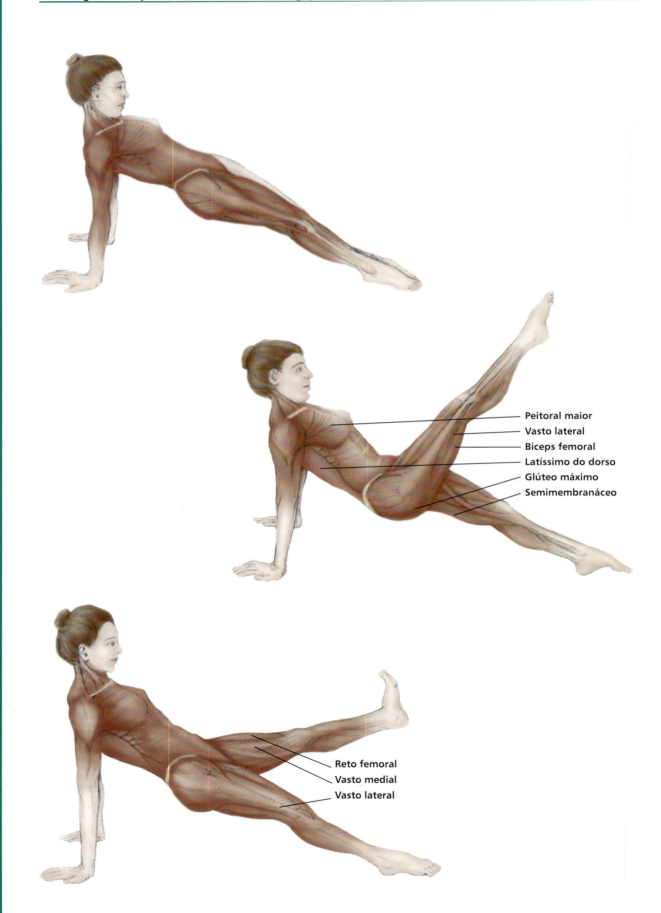

Objetivos do exercício

Fortalecimento muscular. Alongar a parede torácica anterior.

Descrição do exercício

- Sente-se ereto com as pernas paralelas estendidas à frente.
- Apoie as mãos no solo, um pouco atrás dos quadris, com os dedos apontando para a frente.
- Eleve os quadris do solo, e use os abdominais profundos e os glúteos para sustentar uma posição de suporte com as mãos e os calcanhares. Direcione os dedos dos pés para o chão.
- Mantenha esta posição com os braços estendidos e o corpo alongado dos ombros até os dedos dos pés.
- Enquanto mantém esta posição, com o queixo no peito, chute uma perna o mais alto que puder com os dedos dos pés levemente apontados, fazendo o movimento a partir dos quadris. No máximo da amplitude, flexione o pé.
- Abaixe a perna projetando o calcanhar para longe, mantendo o quadril elevado durante todo o exercício.
- Antes de tocar o solo, alongue os dedos em ponta e chute novamente para cima.
- Repita com a outra perna.

Dica para o exercício

Mantenha o alinhamento.

Padrão respiratório

Inspire ao chutar a perna para cima. Expire ao abaixar a perna em direção ao solo.

Cuidados essenciais

- Mantenha os abdominais profundos contraídos durante todo o exercício.
- Mantenha o corpo alinhado.

Erros comuns

- Deixar que a pelve abaixe durante o exercício.
- Permitir que a cabeça afunde entre os ombros.

Foco muscular

Latíssimo do dorso. Isquiotibiais. Glúteos. Flexores do quadril. Quadríceps. Peitorais.

Chute lateral ajoelhado (*Side kick kneeling*)

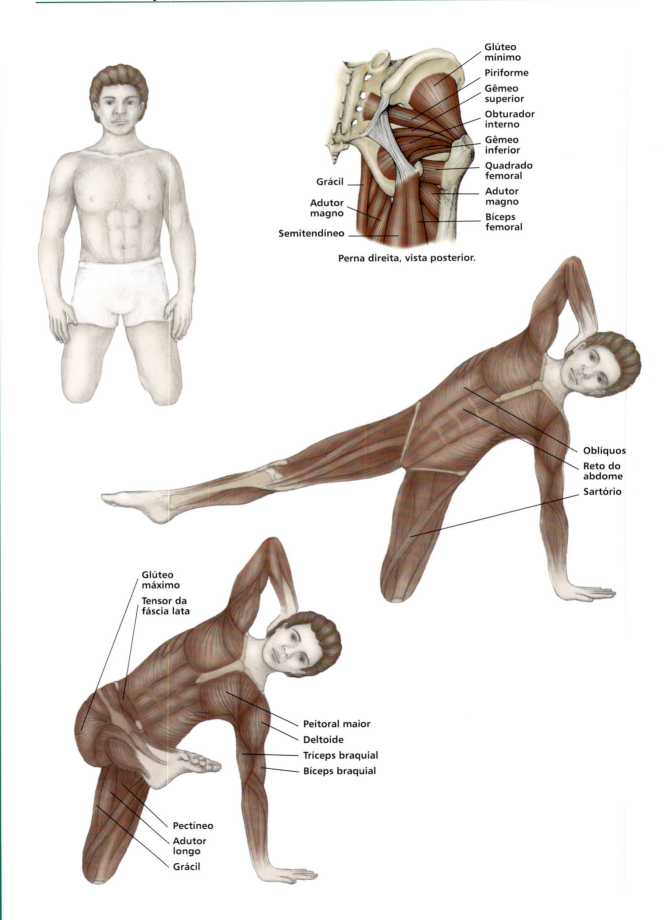

Objetivos do exercício

Desenvolver a estabilidade do tronco. Melhorar o controle dos flexores e extensores do quadril.

Descrição do exercício

- Ajoelhe-se ereto, com os braços ao longo do corpo e alinhados aos ombros.
- Leve uma perna para o lado, deixando-a em linha com o corpo, e posicione o pé no solo.
- Incline o corpo para o lado oposto ao da perna estendida e posicione a mão no solo alinhada ao ombro; o braço permanece estendido.
- Eleve então a perna até a altura da pelve. Posicione a mão de cima atrás da cabeça e mantenha esta posição alongada*.
- Retorne à posição inicial e repita com o lado oposto.

Dica para o exercício

Alongue para longe do centro.

Padrão respiratório

Expire ao estender a perna. Inspire ao abaixá-la.

Cuidados essenciais

- Mantenha a perna elevada paralela ao chão e controlada.

Erros comuns

- Perder o alongamento do corpo.
- Girar o corpo ao elevar a perna.
- Perder a posição neutra da pelve.

Foco muscular

Abdutores do quadril. Adutores do quadril. Estabilizadores dos ombros. Abdominais.

* N.E.: Flexione o quadril trazendo a perna para a frente com o pé estendido, mantendo o equilíbrio e o alinhamento do tronco.

A torção (The twist)

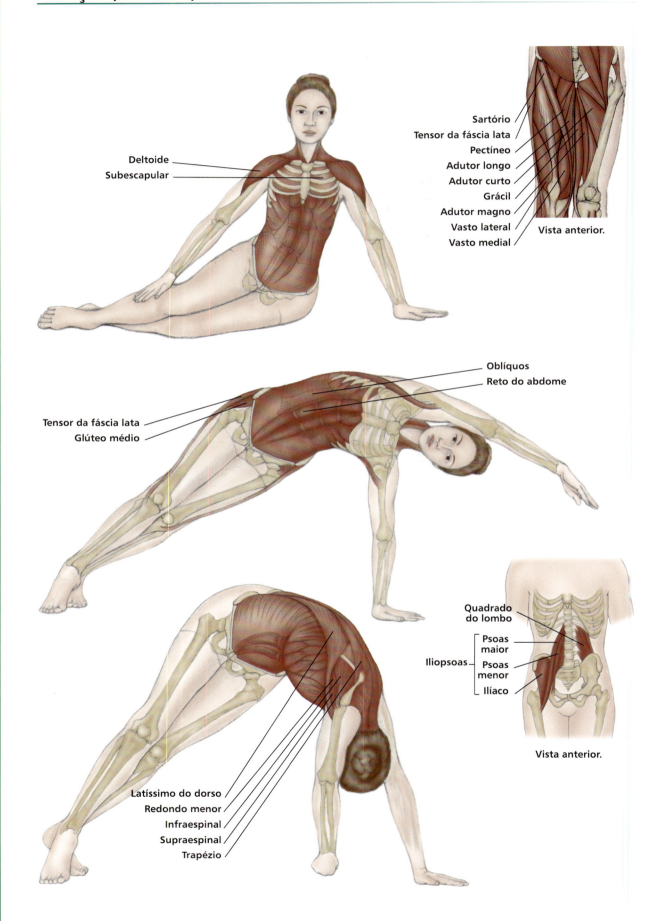

Objetivos do exercício

Alongar a lateral do corpo (quadrado do lombo e oblíquos). Fortalecer o latíssimo do dorso, estabilizadores dos ombros, glúteos e abdominais.

Descrição do exercício

- Sente-se sobre o quadril esquerdo com a perna esquerda dobrada e o pé alinhado com a pelve e o tronco.
- Cruze o pé direito sobre o tornozelo esquerdo, mantendo a sola do pé plana no chão. Mantenha o quadril direito aberto e em rotação lateral e o joelho elevado.
- Posicione a mão esquerda espalmada no solo, mantendo o braço estendido e alinhado com a pelve.
- Estenda o braço direito em linha diagonal e o antebraço logo em frente ao joelho direito, com a palma virada para a frente.
- Comece a erguer a pelve e eleve o braço direito em um movimento circular sobre a cabeça; simultaneamente, estenda as pernas.
- Faça a rotação da parte superior do tronco para a esquerda de forma que o peito fique virado para o chão; este movimento ajuda a elevar ainda mais a pelve. Alongue o braço por baixo do corpo.
- Retorne desta posição de rotação e leve o braço direito acima do ombro direito.
- Retorne o corpo ao solo, dobrando os joelhos e trazendo o braço de volta à posição inicial com um movimento circular. Repita com o lado oposto.

Dicas para o exercício

Quanto mais perto os pés estiverem da pelve, mais difícil será o alongamento à medida que o corpo se elevar. Use os abdominais para começar o movimento e a torção da coluna.

Padrão respiratório

Inspire ao subir. Expire ao descer.

Cuidados essenciais

- Assegure-se de que o exercício seja feito de forma fluida. Mantenha um arco suave com seus braços e faça o movimento de torção com as pernas.
- Mantenha os braços estendidos.
- Controle os abdominais profundos e concentre-se neles durante o exercício.
- Conserve a cabeça e o tronco alinhados durante todo o exercício.
- Mantenha o peito aberto durante todo o exercício.

Erros comuns

- Travar os cotovelos. (Mantenha-os alongados, porém ligeiramente flexionados.)
- Perder a estabilidade das escápulas.

Foco muscular

Músculos escapulares. Adutores. Músculos do manguito rotador. Quadrado do lombo. Oblíquos.

Bumerangue (*Boomerang*)

Objetivos do exercício

Fortalecer os abdominais e os extensores das costas. Melhorar o controle dos flexores do quadril. Desenvolver o equilíbrio por meio do movimento.

Descrição do exercício

- Sente-se ereto com as pernas estendidas à frente do corpo. As pernas devem estar levemente viradas para fora e cruzadas.
- Mantenha os braços abaixados e estendidos aos lados do tronco. Apoie as mãos espalmadas no solo, com os dedos apontando para a frente.
- Alongue para longe de seus quadris.
- Pressione as mãos para baixo no solo, role a coluna para trás, elevando as pernas e mantendo o grau de flexão dos quadris. Role até o ângulo inferior das escápulas, e conserve as pernas paralelas ao chão (sem tocá-lo).
- Rapidamente descruze e volte a cruzar as pernas.
- Mantenha as pernas estendidas, eleve os braços e role para a frente.
- Durante o rolamento, mova os braços para os lados e para trás de você.
- Segure as mãos e alongue os braços o mais longe e alto que puder.
- Controle o movimento, parando os pés bem próximos ao chão, mas fora dele, e mantenha seu equilíbrio.
- Pernas estendidas, braços alongados para trás, tronco ereto.
- Finalize o rolamento para a frente, pressionando o tronco para baixo sobre suas pernas e elevando os braços por trás de você, o mais alto que puder.
- Repita, voltando a cruzar as pernas novamente conforme rola de volta sobre os ombros.

Dicas para o exercício

Execute cada movimento tendo em mente a coreografia do exercício.

Padrão respiratório

Inspire ao começar a rolar para trás. Expire quando tiver alcançado o final do seu rolamento e voltado a cruzar as pernas. Inspire quando rolar para cima até o ponto de equilíbrio. Expire ao pressionar o tronco nas pernas.

Cuidados essenciais

- Os abdominais profundos devem estar contraídos durante todo o exercício.
- Mantenha o queixo no peito.
- Conserve as pernas estendidas durante todo o exercício.

Erros comuns

- Movimentar as costelas em uma amplitude de movimento excessiva.
- Travar os cotovelos.
- Rolar muito para trás; leve o peso somente para a parte superior das costas, e não para o pescoço ou para a cabeça.

Foco muscular

Abdominais. Extensores das costas. Peitorais.

Foca (*Seal*)

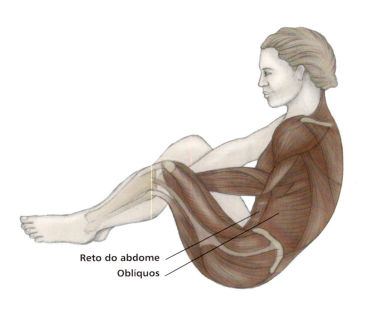

Reto do abdome
Oblíquos

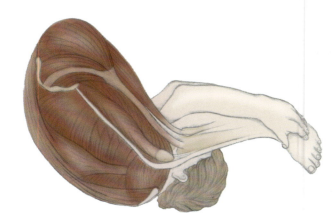

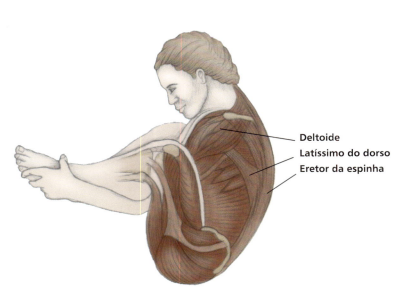

Deltoide
Latíssimo do dorso
Eretor da espinha

Objetivos do exercício

Usar impulso para alongar a coluna. Trabalhar os abdominais. Melhorar o equilíbrio e a coordenação.

Descrição do exercício

- Mantenha uma intensa curva em C na coluna, pressionando as plantas dos pés uma contra a outra.
- Eleve os pés para fora do solo e controle a posição de equilíbrio.
- Abra os joelhos e leve o corpo para a frente, para o espaço entre os joelhos, colocando as mãos na lateral externa dos seus tornozelos e envolvendo-as em torno dos seus pés.
- Role suavemente sobre as costas. Desloque o seu peso dos ombros e pescoço para um ponto de equilíbrio, com os dedos dos pés fora do solo.
- Em um ponto de equilíbrio, afaste seus pés e então junte-os novamente como se batesse palmas com os pés.
- Bata palmas.
- Repita a ação de rolar.

Dica para o exercício

Role em linha reta.

Padrão respiratório

Inspire ao levar o corpo para cima. Expire no retorno.

Cuidados essenciais

- Mantenha os abdominais profundos fortemente contraídos.
- Conserve o queixo no peito.
- Execute de maneira suave o movimento de ir para a frente e para trás.

Erros comuns

- Perder a posição dos pés e dos braços.
- Controlar o movimento com os abdominais.
- Perder a forma de C na coluna.

Foco muscular

Abdominais. Extensores das costas.

Balanço (*Rocking*)

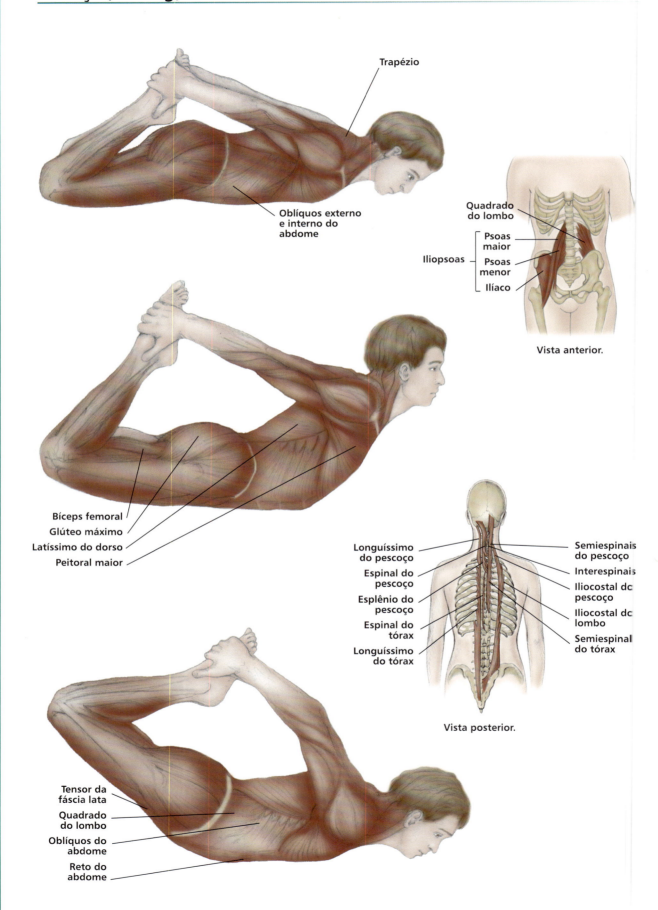

Objetivos do exercício

Controlar o ritmo e a coordenação. Aprimorar o controle da extensão da coluna. Melhorar o alongamento dos flexores do quadril.

Descrição do exercício

- Deite-se em decúbito ventral, dobre os joelhos e conduza os calcanhares em direção aos glúteos.
- Leve os braços atrás do corpo e segure os tornozelos.
- Mantenha as pernas afastadas na largura dos quadris.
- Pressione os tornozelos com as mãos e, elevando o dorso do solo, leve a coluna para trás, em extensão.
- Balance para a frente sobre o esterno, puxando os tornozelos para cima, atrás dos glúteos.

Dicas para o exercício

Imagine que as costas são como a borda de uma roda. Desenvolva um ritmo de movimento.

Padrão respiratório

Expire ao ir para a frente. Inspire, com força, ao levantar e levar a coluna para trás a fim de obter impulso.

Cuidados essenciais

- Mantenha os abdominais profundos fortemente contraídos.
- Use as pernas e os músculos das costas para puxar os pés em direção ao solo.
- Mantenha a cabeça direcionada para trás.
- Mantenha um arco regular.
- Relaxe o peito, caso esteja rígido.

Foco muscular

Extensores das costas. Peitorais. Abdominais.

Controle e equilíbrio (Control and balance)

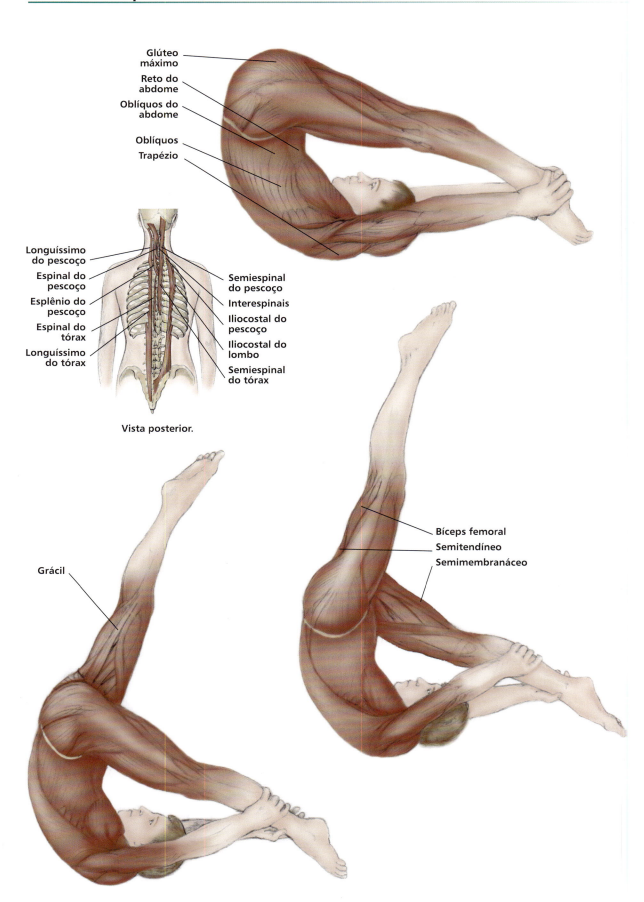

Vista posterior.

EXERCÍCIOS CLÁSSICOS DE PILATES

Objetivos do exercício

Aprender equilíbrio e coordenação. Melhorar o alongamento dos flexores do quadril. Fortalecer o centro de força.

Descrição do exercício

- Deite-se em decúbito dorsal, com os braços afastados na largura dos ombros, próximos à cabeça, e as pernas estendidas e unidas.
- Mantendo as pernas estendidas, balance-as para cima, retirando-as do solo e conduzindo-as sobre a cabeça. Os dedos dos pés precisam tocar o chão atrás da cabeça.
- Segure um dos tornozelos com ambas as mãos.
- Levante a perna oposta, alongando-a desde os quadris, enquanto segura o tornozelo e mantém o pé oposto no chão ou próximo a ele.
- Suavemente, inverta a posição das pernas; segure o tornozelo da perna que estava apontando para o teto quando ela estiver próxima do solo e aponte para o teto com os dedos do pé oposto.

Dicas para o exercício

Para aumentar o controle, eleve as pernas e a pelve alongando-as a partir da coluna. Ao abaixar a perna que está sendo alongada em direção ao teto, a perna oposta deve estar posicionada em mais de 45 graus em relação ao solo.

Padrão respiratório

Inspire ao levantar uma das pernas. Expire ao abaixá-la e levantar a outra.

Cuidados essenciais

- Mantenha as pernas estendidas.
- Mantenha os abdominais profundos fortemente contraídos.

Erros comuns

- Forçar a respiração; mantenha o ritmo natural de acordo com o movimento da perna.
- Encostar o dorso do pé no chão ao levá-lo além da sua cabeça.
- Rolar muito para trás. Mantenha o seu peso distribuído na parte superior das costas, não na cabeça e no pescoço.

Foco muscular

Abdominais. Extensores do quadril. Extensores das costas.

Flexão de braço (Push-up)

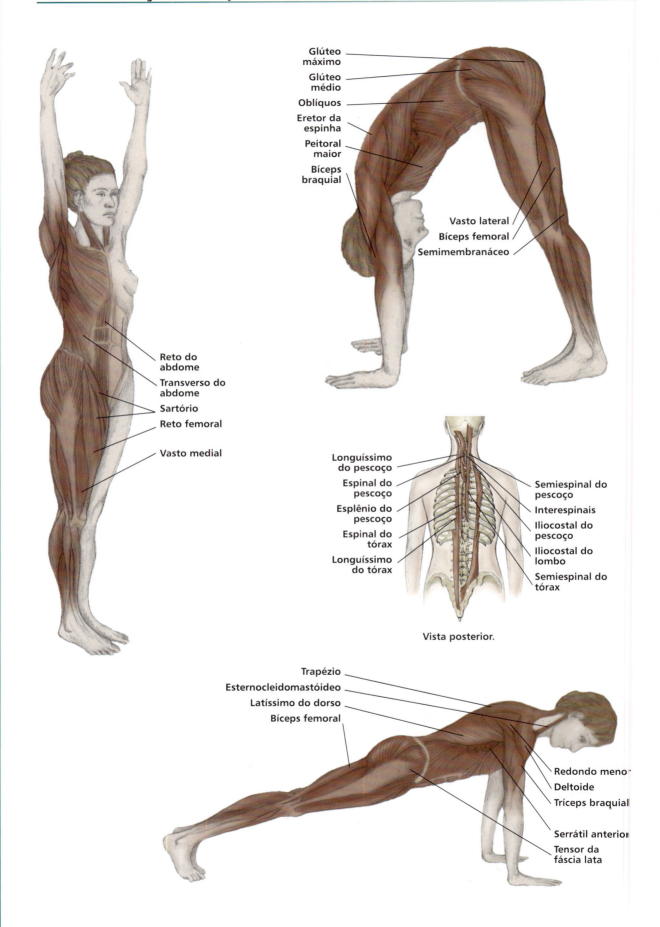

Objetivos do exercício

Fortalecer os extensores do cotovelo e o grupo muscular peitoral. Aprimorar o controle do tronco. Melhorar a sequência de movimento.

Descrição do exercício

- Assuma uma posição clássica de pilates; em pé, com o corpo ereto e as pernas unidas, eleve os braços diretamente acima da cabeça, separados na largura dos ombros e com as palmas voltadas para a frente.
- Abaixe os braços e, iniciando com a flexão do pescoço, role a coluna para baixo sequencialmente, até que as mãos alcancem o chão.
- Comece a andar com as mãos para a frente na linha das pernas, permitindo que os calcanhares se elevem até que você esteja na posição do exercício de flexão de braço.
- Posicione as mãos diretamente abaixo dos ombros, com a coluna e a pelve neutras e o tronco formando uma linha reta.
- Dobre os cotovelos, mantendo-os próximos ao tronco. Abaixe o corpo até quase tocar o chão.
- Controlando o movimento por meio da extensão dos cotovelos, pressione o corpo de volta à posição de prancha. Repita.
- Caminhe de volta com as mãos em direção aos pés, criando um V invertido com os quadris. Quando as mãos estiverem próximas aos pés, curve o corpo e retorne à posição em pé.

Dicas para o exercício

Sustente a contração dos abdominais e dos glúteos (isso evita uma postura desabada). Mantenha a cabeça alinhada com o corpo.

Padrão respiratório

Inspire quando levar as mãos em direção às pernas. Expire quando andar com as mãos ao longo do solo. Inspire no movimento de descida da flexão de braço. Expire ao subir. Inspire quando andar de volta em direção aos pés. Expire ao se curvar para levantar.

Cuidados essenciais

- Mantenha os abdominais fortemente contraídos durante todo o exercício.
- Mantenha uma linha reta ao andar com as mãos.
- Conserve a coluna neutra na posição de prancha.

Erros comuns

- Deixar que o tronco se desestabilize durante a flexão dos braços.
- Elevar os ombros.
- Deixar os cotovelos muito próximos ao corpo durante a ação de pressionar para baixo; mantenha-os relaxados (não trave).

Foco muscular

Abdominais. Quadríceps. Flexores do quadril. Glúteos. Estabilizadores dos ombros. Peitorais. Tríceps braquial. Isquiotibiais. Extensores das costas.

EXERCÍCIOS CLÁSSICOS DE PILATES

Sereia (*Mermaid*)

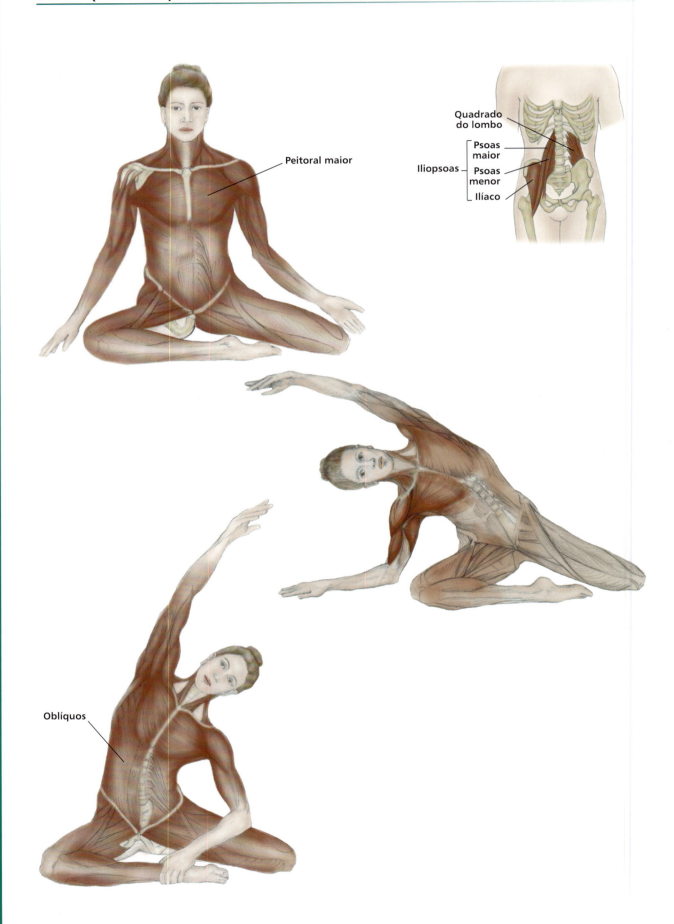

Objetivos do exercício

Alongar os músculos flexores laterais profundos do tronco. Melhorar a mobilidade de toda a coluna.

Descrição do exercício

- Sente-se com o joelho direito em frente ao corpo, flexionado e em rotação lateral; deixe o joelho de trás flexionado e em rotação medial.
- Apoie uma das mãos no chão à medida que flexiona o tronco para o lado, levando o braço oposto para cima, sobre a cabeça.
- Volte à posição sentada, inclinando-se para o lado oposto à medida que leva o braço sobre a cabeça, flexionando lateralmente o tronco.

Dicas para o exercício

Leve o peso para a frente, apoiando-se no quadril da perna que está posicionada à frente e reduzindo a pressão na perna que está atrás.

Padrão respiratório

Inspire na preparação. Expire ao alongar.

Cuidados essenciais

- Mantenha o braço que é levado sobre a cabeça em linha com a orelha e o pescoço.
- Mantenha o comprimento nas laterais do tronco; tente não se desestabilizar, caindo para o lado flexionado.
- Mantenha as costelas e o tórax bem alinhados.

Erro comum

- Arquear as costas.

Foco muscular

Oblíquos abdominais. Quadrado do lombo. Latíssimo do dorso. Peitorais.

Ponte (*Spine curls*)

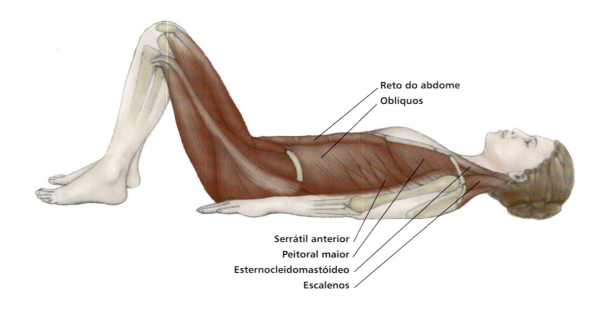
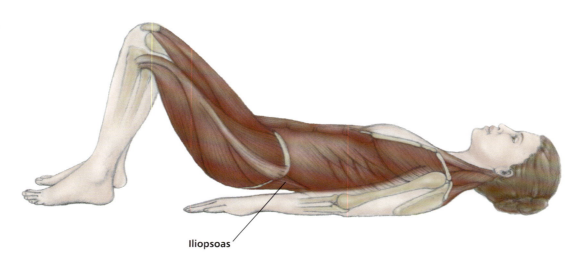
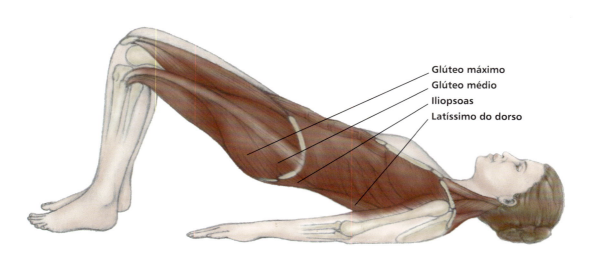

Este não é um exercício clássico de pilates no solo, mas é indicado para promover o alinhamento da coluna vertebral.

Objetivos do exercício

Melhorar o controle segmentar na parte lombar da coluna vertebral. Alongar o músculo latíssimo do dorso.

Descrição do exercício

- Deite-se em decúbito dorsal com os joelhos flexionados e os pés apoiados no chão, na largura dos quadris. Braços no chão, ao longo do corpo.
- Contraia os músculos abdominais inferiores e, lentamente, eleve a coluna partindo da base. Deixe que cada segmento da coluna se curve e se eleve do chão em uma sequência.
- Suba até um ponto em que você consiga se equilibrar nas escápulas.
- Mantenha a posição final e, então, reverta o movimento para retornar à posição inicial.

Dicas para o exercício

Rolar a coluna de volta ao chão como uma roda, vértebra por vértebra, do tórax ao cóccix.

Padrão respiratório

Inspire na preparação. Expire conforme eleva a coluna. Inspire ao manter a posição elevada.

Cuidados essenciais

- Mantenha o peso igualmente distribuído nos dois pés.
- Mantenha a flexão da coluna durante todo o movimento.
- Mantenha a pelve nivelada; cuidado para não cair para um dos lados enquanto eleva o corpo para cima.

Erros comuns

- Elevar do solo a parte torácica da coluna, comprometendo assim a estabilidade das escápulas.
- Apressar a ação de curvar no começo do movimento; trabalhe de modo segmentar, estabelecendo uma sequência.

Foco muscular

Abdominais. Latíssimo do dorso. Psoas. Glúteos. Eretor da espinha. Isquiotibiais.

Glossário

Agonista
Ver motor primário.

Antagonista
Músculo que, posicionado no lado oposto de uma articulação do músculo motor primário, deve relaxar para permitir que este se contraia.

Cifose
Curvatura excessiva na parte torácica da coluna vertebral.

Coluna neutra
É definida como a posição neutra da espinha ilíaca anterossuperior (EIAS) e da sínfise púbica quando a EIAS está paralela no plano transverso. Postura que mantém a curvatura natural da coluna.

Contração concêntrica
Contração em que as conexões musculares se aproximam, causando movimento articular.

Contração excêntrica
Contração em que as fibras musculares relaxam de forma controlada para tornar mais lentos os movimentos que a gravidade, caso não fosse controlada, poderia acelerar demais.

Contração isométrica
Uma contração isométrica ocorre quando um músculo aumenta sua tensão, sem que seu comprimento seja alterado.

Contração isotônica
Contração muscular que resulta na criação de movimento.

Estabilidade do tronco
A habilidade em manter a posição do tronco enquanto se trabalha com os membros.

Estabilizador
Ver fixador.

Faixas musculares
Mecanismo que, acoplado entre as áreas centrais de força, permite a transferência de força de movimento entre elas.

Fáscia toracolombar
Bainha densa de tecido conjuntivo que auxilia na estabilização do tronco e da pelve.

Fixador
Um músculo sinergista é mais especificamente designado como fixador (ou estabilizador) quando imobiliza o osso da origem do motor primário, proporcionando assim uma base estável para a ação do motor primário.

Lordose
Curvatura excessiva na parte lombar da coluna vertebral.

Mobilizador
Músculo responsável pelo movimento.

Motor primário	Músculo que contrai para produzir um movimento específico.
Neutralizador	Ver sinergista.
Postura de dorso curvo	Postura indicada por quadris projetados para a frente e inclinação anterior da pelve.
Postura retificada das costas	Curvatura lombar reduzida.
Pressão intra-abdominal	Pressão criada no tronco, no cilindro fechado do diafragma, no assoalho pélvico e na parede abdominal.
Propriocepção	Consciência da posição articulação-corpo, gerada por *feedback* sensorial.
Sinergista	Músculo que previne quaisquer movimentos indesejáveis causados pela contração do motor primário.

Direções anatômicas

Abdução
Movimento para longe da linha mediana (ou retorno da adução).

Adução
Movimento em direção à linha mediana (ou retorno da abdução).

Anterior
Em direção à frente do corpo (o oposto de posterior).

Caudal
Em direção ao cóccix; inferior.

Circundução
Movimento no qual a extremidade distal de um osso se move em círculo, enquanto a extremidade proximal permanece estável.

Contralateral
No lado oposto.

Decúbito dorsal
(posição supina)
Posição do corpo na qual a superfície ventral está virada para cima (o oposto de decúbito ventral).

Decúbito ventral
(posição prona)
Posição do corpo na qual a superfície ventral está virada para baixo (o oposto de decúbito dorsal).

Depressão
Movimento de uma parte elevada do corpo para baixo, de volta à sua posição original.

Distal
Para longe do ponto de origem de uma estrutura (o oposto de proximal).

Dorsal
Relacionado às costas (ou dorso) ou à porção posterior (o oposto de ventral).

Elevação
Movimento de uma parte do corpo para cima ao longo do plano frontal.

Eversão
Movimento de virar a sola do pé para fora.

Extensão
Movimento articular que resulta na separação de duas superfícies ventrais (o oposto de flexão).

Flexão
Movimento articular que resulta na aproximação de duas superfícies ventrais (o oposto de extensão).

Inferior
Situado abaixo ou mais afastado da cabeça.

Inversão
Movimento de virar a sola do pé para dentro.

Lateral
Localizado distante da linha mediana (o oposto de medial).

Medial
Situado na linha mediana do corpo ou órgão, ou próximo a ela (o oposto de lateral).

Mediano	Localizado no centro; situado no meio do corpo.
Oponência	Movimento específico da articulação em sela do polegar que torna possível tocar esse dedo com as pontas dos outros dedos da mesma mão.
Palmar	Referente à superfície anterior da mão.
Plano coronal	Um plano vertical em ângulos retos ao plano sagital e que divide o corpo nas porções anterior e posterior.
Plano frontal	Ver plano coronal.
Plano horizontal	Um plano transverso em ângulo reto com o eixo longo do corpo.
Plano sagital	Um plano vertical que se estende na direção anteroposterior dividindo o corpo nas partes direita e esquerda.
Plano transverso	Secção transversa horizontal que, em ângulos retos a outros dois planos, divide o corpo em secções superior e inferior.
Plantar	Referente à sola (planta) do pé.
Posição anatômica	Posição em que o corpo está ereto, com os braços estendidos ao lado do corpo e as palmas das mãos viradas para a frente.
Posterior	Relacionado às costas ou ao aspecto dorsal do corpo (o oposto de anterior).
Profundo	Afastado da superfície (o oposto de superficial).
Pronação	Movimento de virar a palma da mão para baixo de frente para o solo, ou ao inverso das posições anatômica e fetal.
Protração	Movimento para a frente no plano transverso.
Proximal	Próximo ao centro do corpo ou ao ponto de conexão de um membro.
Retração	Movimento para trás no plano transverso.
Rotação	Movimento em torno de um eixo fixo.
Superficial	Na superfície ou próximo a ela (o oposto de profundo).
Superior	Situado acima ou próximo da cabeça.
Supinação	Movimento de virar a palma da mão para cima de frente para o teto, ou em direção às posições anatômica e fetal.
Ventral	Referente à parte anterior do corpo (o oposto de dorsal).

Grupos musculares

Flexores profundos do pescoço
Longo do pescoço
Longo da cabeça

Escalenos
Escaleno anterior
Escaleno médio
Escaleno posterior

Eretores da espinha
Iliocostais do lombo (parte lombar e parte torácica) e do pescoço
Longuíssimos da cabeça, do pescoço e do tórax
Espinais do pescoço e do tórax

Estabilizadores escapulares
Trapézio (parte ascendente)
Serrátil anterior
Latíssimo do dorso

Manguito rotador
Supraespinal
Infraespinal
Redondo menor
Subescapular

Abdominais (parede abdominal anterior)
Oblíquos
Transverso do abdome
Reto do abdome

Abdominais (parede abdominal posterior)
Quadrado do lombo
Psoas maior
Ilíaco

Glúteos
Glúteo máximo
Glúteo mínimo
Glúteo médio

Rotadores mediais do quadril
Glúteo médio
Glúteo mínimo
Tensor da fáscia lata
Adutor magno (parte)
Pectíneo (quando a perna é abduzida)

Rotadores profundos laterais do quadril
Obturador interno
Gêmeo superior
Gêmeo inferior
Quadrado femoral

Isquiotibiais
Bíceps femoral
Semitendíneo
Semimembranáceo

Adutores
Adutor magno
Adutor curto
Adutor longo

Quadríceps
Reto femoral
Vasto lateral
Vasto medial
Vasto intermédio

Principais músculos envolvidos no movimento

Articulações atlantoccipital e atlantoaxial

Flexão

Longo da cabeça; reto anterior da cabeça; esternocleidomastóideo (fibras anteriores).

Extensão

Semiespinal da cabeça; esplênio da cabeça; reto posterior maior da cabeça; reto posterior menor da cabeça; oblíquo superior da cabeça; longuíssimo da cabeça; trapézio; esternocleidomastóideo (fibras posteriores).

Rotação e flexão lateral

Esternocleidomastóideo; oblíquo inferior da cabeça; oblíquo superior da cabeça; reto lateral da cabeça; longuíssimo da cabeça; esplênio da cabeça.

Articulações intervertebrais

Região cervical

Flexão

Longo do pescoço; longo da cabeça; esternocleidomastóideo.

Extensão

Longuíssimo do pescoço; longuíssimo da cabeça; esplênio da cabeça; esplênio do pescoço; semiespinal do pescoço; semiespinal da cabeça; trapézio; interespinais; iliocostal do pescoço.

Rotação e flexão lateral

Longuíssimo do pescoço; longuíssimo da cabeça; esplênio da cabeça; esplênio do pescoço; multífido; longo do pescoço; escaleno anterior; escaleno médio; escaleno posterior; esternocleidomastóideo; levantador da escápula; iliocostal do pescoço; intertransversários.

Regiões torácica e/ou lombar

Flexão

Oblíquos; transverso do abdome; reto do abdome.

Extensão

Eretor da espinha; quadrado do lombo; trapézio.

Rotação e flexão lateral

Iliocostal do lombo (parte lombar e parte torácica); multífido; rotadores; intertransversários; quadrado do lombo; psoas maior; oblíquos; transverso do abdome; reto do abdome.

Cíngulo do membro superior

Elevação
Trapézio (parte descendente); levantador da escápula; romboide menor; romboide maior; esternocleidomastóideo.

Depressão
Trapézio (parte ascendente); peitoral menor; peitoral maior (parte esternocostal); latíssimo do dorso.

Protração
Serrátil anterior; peitoral menor; peitoral maior.

Retração
Trapézio (parte transversa); romboide menor; romboide maior; latíssimo do dorso.

Deslocamento lateral do ângulo inferior da escápula
Serrátil anterior; trapézio (parte descendente e parte ascendente).

Deslocamento medial do ângulo inferior da escápula
Peitoral menor; romboide menor; romboide maior; latíssimo do dorso.

Articulação do ombro

Flexão
Deltoide (parte clavicular); peitoral maior (parte clavicular; a parte esternocostal flexiona o úmero estendido tão longe quanto na posição de repouso); bíceps braquial; coracobraquial.

Extensão
Deltoide (parte espinal); redondo maior (com flexão do úmero); latíssimo do dorso (com flexão do úmero); peitoral maior (parte esternocostal do úmero flexionado); tríceps braquial (cabeça longa na posição de repouso).

Abdução
Deltoide (parte acromial); supraespinal; bíceps braquial (cabeça longa).

Adução
Peitoral maior; redondo maior; latíssimo do dorso; tríceps braquial (cabeça longa); coracobraquial.

Rotação lateral
Deltoide (parte espinal); infraespinal; redondo menor.

Rotação medial
Peitoral maior; redondo maior; latíssimo do dorso; deltoide (parte clavicular); subescapular.

Flexão horizontal
Deltoide (parte clavicular); peitoral maior; subescapular.

Extensão horizontal
Deltoide (parte espinal); infraespinal.

Articulação do cotovelo

Flexão
Braquial; bíceps braquial; braquiorradial; extensor radial longo do carpo; pronador redondo; flexor radial do carpo.

Extensão
Tríceps braquial; ancôneo.

Articulação radiulnar

Supinação
Supinador; bíceps braquial; extensor longo do polegar.

Pronação
Pronador quadrado; pronador redondo; flexor radial do carpo.

Articulações radiocarpal e mediocarpal

Flexão
Flexor radial do carpo; flexor ulnar do carpo; palmar longo; flexor superficial dos dedos; flexor profundo dos dedos; flexor longo do polegar; abdutor longo do polegar; extensor curto do polegar.

Extensão
Extensor radial curto do carpo; extensor radial longo do carpo; extensor ulnar do carpo; extensor dos dedos; extensor do indicador; extensor longo do polegar; extensor do dedo mínimo.

Abdução
Extensor radial curto do carpo; extensor radial longo do carpo; flexor radial do carpo; abdutor longo do polegar; extensor longo do polegar; extensor curto do polegar.

Adução
Flexor ulnar do carpo; extensor ulnar do carpo.

Articulações metacarpofalângicas dos dedos das mãos

Flexão

Flexor profundo dos dedos; flexor superficial dos dedos; lumbricais; interósseos; flexor do dedo mínimo; abdutor do dedo mínimo; palmar longo (através da aponeurose palmar).

Extensão

Extensor dos dedos; extensor do indicador; extensor do dedo mínimo.

Abdução e adução

Interósseos; abdutor do dedo mínimo; lumbricais (pode auxiliar no desvio radial); extensor dos dedos (abduz por hiperextensão; tendão do indicador é desviado no sentido radial); flexor profundo dos dedos (aduz mediante flexão); flexor superficial dos dedos (aduz mediante flexão).

Rotação

Lumbricais; interósseos (movimento fraco, exceto no indicador; eficaz somente quando a falange está flexionada); oponente do dedo mínimo (roda o dedo mínimo na articulação carpometacarpal).

Articulação do quadril

Flexão

Iliopsoas; reto femoral; tensor da fáscia lata; sartório; adutor curto; adutor longo; pectíneo.

Extensão

Glúteo máximo; semitendíneo; semimembranáceo; bíceps femoral (cabeça longa); adutor magno (fibras isquiais).

Abdução

Glúteo médio; glúteo mínimo; tensor da fáscia lata; obturador interno (em flexão); piriforme (em flexão).

Adução

Adutor magno; adutor curto; adutor longo; pectíneo; grácil; glúteo máximo (fibras inferiores); quadrado femoral.

Rotação lateral

Glúteo máximo; obturador interno; gêmeos; obturador externo; quadrado femoral; piriforme; sartório; adutor magno; adutor curto; adutor longo.

Rotação medial

Iliopsoas (no estágio inicial da flexão); tensor da fáscia lata; glúteo médio (fibras anteriores); glúteo mínimo (fibras anteriores).

Articulação do joelho

Flexão
Semitendíneo; semimembranáceo; bíceps femoral; gastrocnêmio; plantar; sartório; grácil; poplíteo.

Extensão
Quadrado femoral.

Rotação medial da tíbia no fêmur
Poplíteo; semitendíneo; semimembranáceo; sartório; grácil.

Rotação lateral da tíbia no fêmur
Bíceps femoral.

Articulação do tornozelo

Dorsiflexão
Tibial anterior; extensor longo do hálux; extensor longo dos dedos; fibular terceiro.

Flexão plantar
Gastrocnêmio; plantar; sóleo; tibial posterior; flexor longo do hálux; flexor longo dos dedos; fibular longo; fibular curto.

Articulações intertarsais

Inversão
Tibial anterior; tibial posterior.

Eversão
Fibular terceiro; fibular longo; fibular curto.

Outros movimentos
Movimentos de deslizamento que permitem alguma dorsiflexão, flexão plantar, abdução e adução são produzidos pelos músculos que atuam nos dedos dos pés. O tibial anterior, o tibial posterior e o fibular terceiro também estão envolvidos.

Referências bibliográficas

Anderson, D. M. (chief Lexicographer): 2003. *Dorland's Illustrated Medical Dictionary, 30th edition*. Saunders, an imprint of Elsevier, Philadelphia.

Bass, M., Robinson, L. & Thomson, G.: 2005. *The Complete Classic Pilates Method: Centre Yourself With This Step-by-step Approach to Joseph Pilates' Original Matwork Programme*. Macmillan, London.

Elphinston, J.: 2008: *Stability, Sport and Performance Movement: Great Technique Without Injury*. Lotus Publishing, Chichester/North Atlantic Books, Berkeley.

Friedman, P. & Eisen, G.: 2004. *The Pilates Method of Physical and Mental Conditioning*. Penguin, London.

Gallagher, S. P.: 2000. *Joseph H. Pilates Archive Collection: The Photographs, Writings and Designs*. Bainbridge Books.

Kendall, F. P., and McCreary, E. K.: 1983. *Muscles, Testing & Function, 3rd edition*. Williams & Wilkins, Baltimore.

Herman, E.: 2007. *Ellie Herman's Pilates Mat*. Ellie Herman Books, Brooklyn.

Isacowitz, R.: 2006. *Pilates*. Human Kinetics, Champaign.

Jarmey, C.: 2008. *The Concise Book of Muscles, 2nd edition*. Lotus Publishing, Chichester/North Atlantic Books, Berkeley.

Jarmey, C.: 2006. *The Concise Book of the Moving Body.* Lotus Publishing, Chichester/North Atlantic Books, Berkeley.

Latey, P.: 2001. *Modern Pilates: The Step by Step, at Home Guide to a Stronger Body*. Allen & Unwin, London.

Lyon, D.: 2006. *The Complete Book of Pilates For Men*. Harper Collins, London.

Massey, P.: 2004. *Sports Pilates: How to Prevent and Overcome Injuries*. Cico Books, London.

Myers, T. W.: 2001. *Anatomy Trains*. Elsevier, Edinburgh.

Norris, C.M.: 1998. *Sports Injuries: Diagnosis and Management*. Butterworth Heinemann, Oxford, UK.

Norris, C. M.: 2000. *Back Stability*. Human Kinetics, Champaign.

Pilates, J. H.: 1934. *Your Health: A Corrective System of Exercising That Revolutionizes the Entire Field of Physical Education.*

Pilates, J. H. & Miller, W. J.: 1945. *Return to Life through Controlology and Your Health.*

Richardson, C., Jull, G., Hodges, P. & Hides, J.: 1998. *Therapeutic Exercise for Spinal Segmental Stabilisation in Low Back Pain.* Churchill Livingstone, Edinburgh.

Romanes, G. J. (editor): 1972. *Cunningham's Textbook of Anatomy, 11th edition.* Oxford University Press, London.

Siler, B.: 2000. *The Pilates Body.* Michael Joseph, London.

Walker, B.E.: 2007. *The Anatomy of Stretching.* Lotus Publishing, Chichester/ North Atlantic Books, Berkeley.

Índice de exercícios de pilates

A torção (*The twist*)..128

Abdominal com flexão do pescoço (*Neck pull*)..98

Abdominal em V (*Teaser*)...116

Alongamento com as duas pernas estendidas (*Double straight leg stretch*)..............................80

Alongamento com uma perna estendida (*Single straight leg stretch*)......................................78

Alongamento da coluna para a frente (*Spine stretch forward*)........................84

Alongamento das duas pernas (*Double leg stretch*)...76

Alongamento de uma perna (*Single leg stretch*)..74

Balanço (*Rocking*)...134

Balanço com as pernas afastadas (*Open leg rocker*)..86

Bicicleta (*Bicycle*)...102

Bumerange (*Boomerang*)...130

Canivete (*Jack knife*)...108

Cem (*The hundred*)...64

Chute com as duas pernas (*Double leg kick*)..96

Chute com uma perna (*Single leg kick*)...94

Chute lateral ajoelhado (*Side kick kneeling*)...126

Círculos com a perna (*Single leg circles*)..70

Círculos com a perna em decúbito lateral (*Side-lying leg circles*)................112

Círculos com as duas pernas/saca-rolhas (*Double leg circles/ cork screw*)..............88

Círculos com o quadril (*Hip circles*)...118

Controle e equilíbrio (*Control and balance*)..136

Cruzamento (*Criss-cross*)...82

Elevação com chute lateral (*Side kick lift*)..110

Elevação da perna de costas (*Leg pull back*)...124

Elevação da perna de frente (*Leg pull front*)...122

Flexão de braço (*Push-up*)...138

Foca (*Seal*)...132

Mergulho do cisne/extensão (*Swan dive*)..92

Natação (*Swimming*)...120

Ponte (*Spine curls*)..142

Ponte sobre os ombros (*Shoulder bridge*)...104

Rolamento para cima (*Roll-up*)...66

Rolamento para trás (*Rollover*)..68

Rolar como uma bola (*Rolling like a ball*)...72

Rotação da coluna (*Spine twist*)...106

Sereia (*Mermaid*)...140

Serrote (*Saw*)..90

Tesoura (*Scissors*)...100

Torpedo (*Torpedo*)...114